交通运输科技丛书·运输服务
交通运输重大科技创新成果库入库成果

中国高速公路发展30年影响评价研究

庞清阁 姜彩良 等 著

人民交通出版社

北京

内 容 提 要

本书研究了高速公路基本属性、对经济社会的影响作用等基本理论问题,总结了我国高速公路30年发展历程和实践经验,基于定量与定性评价方法研究构建了高速公路影响评价体系,从经济、社会、国家战略、社会文化4个层面对高速公路发展进行了系统客观的评价,并对未来高速公路发展做了进一步的展望。

本书可供高速公路研究领域的科研人员参考使用。

图书在版编目(CIP)数据

中国高速公路发展30年影响评价研究／庞清阁等著. — 北京：人民交通出版社股份有限公司,2024.7
ISBN 978-7-114-19534-1

Ⅰ.①中… Ⅱ.①庞… Ⅲ.①高速公路—道路建设—研究—中国 Ⅳ.①U412.36

中国国家版本馆 CIP 数据核字(2024)第 090793 号

Zhongguo Gaosu Gonglu Fazhan 30 Nian Yingxiang Pingjia Yanjiu

书　　名：	中国高速公路发展30年影响评价研究
著 作 者：	庞清阁　姜彩良　等
责任编辑：	牛家鸣
文字编辑：	闫吉维
责任校对：	赵媛媛　魏佳宁
责任印制：	刘高彤
出版发行：	人民交通出版社
地　　址：	(100011)北京市朝阳区安定门外外馆斜街3号
网　　址：	http://www.ccpcl.com.cn
销售电话：	(010)59757973
总 经 销：	人民交通出版社发行部
经　　销：	各地新华书店
印　　刷：	北京市密东印刷有限公司
开　　本：	787×1092　1/16
印　　张：	7
字　　数：	124千
版　　次：	2024年7月　第1版
印　　次：	2024年7月　第1次印刷
书　　号：	ISBN 978-7-114-19534-1
定　　价：	60.00元

(有印刷、装订质量问题的图书,由本社负责调换)

PREFACE | 前　言

　　交通运输是国民经济中基础性、先导性、战略性产业和重要的服务性行业，而公路在我国综合交通运输体系中发挥着主力军作用，承担了全社会80%以上的客运量和75%以上的货运量。改革开放初期，随着我国国民经济的快速发展，公路客货运输量急剧增加，公路交通长期滞后所产生的问题充分暴露，特别是主要干线公路交通拥挤、行车缓慢、事故频发。为改善主要干线公路交通紧张状况，缓解公路交通的瓶颈制约，从"六五"开始，公路交通部门重点对干线公路进行加宽改造。尽管有些路段加宽到15m甚至20m以上，但收效甚微。为了寻求缓解我国公路交通瓶颈制约的有效途径，公路交通部门开始着手加强公路交通建设的研究。根据发达国家的实践经验，建设高速公路是解决主要干线公路交通紧张状况的有效途径。

　　1984年，国务院第54次常务会议正式决议，实施"贷款修路、收费还贷"。也就是在同一年，我国大陆第一条高速公路——沪嘉高速公路开工建设。1988年10月，沪嘉高速公路建成通车，标志着中国高速公路实现了从无到有，中国公路建设从此发生翻天覆地的变化，中国公路建设的标准升到更高一个层次。随后，各地高速公路建设迅猛发展，取得举世瞩目的成就。1993年京津塘高速公路的建成，使我国拥有了第一条利用世界银行贷款建设的、跨省市的高速公路。为了集中力量、突出重点，加快我国高速公路的发展，1992年交通部制定了"五纵七横"国道主干线规划并付诸实施，从而为我国高速公路持续、快速、健康发展奠定了基础。

　　1998年，为应对亚洲金融危机，国家实施了积极财政政策，加快了基础设施建设步伐。交通行业按照国家的统一部署，加大了公路建设力度。从1998年至今，高速公路建设进入了快速发展时期，年均通车里程超过4000km，年均完成投资1400亿元。到2022年底，我国高速公路通车里程达到17.73万km，位居世界第一位，比第二位美国多将近一半。高速公路已发展成为我国综合交通运输体系的主动脉，在改革开放三十多年中，对经济社会发展、国家战略支撑，发挥着举足轻重的作用。

2018年，是我国大陆第一条高速公路（沪嘉高速公路）建成通车30年，也是我国高速公路发展30年。30年来，伴随经济社会的高速发展，高速公路建设取得巨大成就。党的十八大提出的"两个一百年"奋斗目标和党的十九大提出的交通强国战略，为新时期高速公路发展指明了方向，那就是以决胜全面建成小康社会以及继而建设社会主义现代化强国为目标，以交通强国战略为指引，在加快成网的同时，着力提升养护水平、管理水平、服务水平，进一步加强对经济发展、产业布局、国家战略的支撑作用，建成世界一流的高速公路网体系。为此，全面客观评价30年来高速公路产生的重大影响，明确高速公路发展在国民经济社会中的定位，可提升交通运输行业形象和影响力，更可为高速公路下一步发展提供理论支持。

本书在传统高速公路技术定义的基础上，丰富和拓展高速公路的外延，明确了高速公路经济性、社会性、政治性等基本属性，分析了高速公路发展在改革开放中的地位和作用，研究了新时期高速公路的时代特性。梳理了中国高速公路30年发展历程。分析了各阶段高速公路发展的不同特征，总结了相关发展经验和发展成就。构建评价指标体系和评价模型，定量和定性评价高速公路的影响力。选取具有代表性的典型指标，综合运用投入产出理论、投资乘数理论、交通运输理论以及统计学、社会学等多学科方法，科学评价中国高速公路在经济发展、社会发展、国家战略、社会文化等方面的影响。研究提出未来中国高速公路发展思路和相关对策建议。

本书依托2019年交通运输战略规划政策项目"中国高速公路建设30年影响评价研究"的成果，由交通运输部科学研究院综合运输研究中心庞清阁、姜彩良、周一鸣、杨东、贺明光主笔。书中不足之处，敬请各位读者批评指正。

作　者

2024年3月

CONTENTS 目　　录

1　高速公路发展基本理论问题

1.1　高速公路基本属性 …………………………………………………… 002
1.2　高速公路的影响作用 ………………………………………………… 005
1.3　高速公路影响评价方法研究 ………………………………………… 008

2　我国高速公路发展历程

2.1　发展阶段 ……………………………………………………………… 014
2.2　发展现状 ……………………………………………………………… 019
2.3　发展实践 ……………………………………………………………… 027

3　高速公路影响评价体系

3.1　评价基本原则 ………………………………………………………… 032
3.2　评价体系构建 ………………………………………………………… 032

4　高速公路建设对经济发展的影响评价

4.1　对经济发展贡献的机理研究 ………………………………………… 036
4.2　对 GDP 的影响评价 ………………………………………………… 039
4.3　对产业发展的影响评价 ……………………………………………… 047
4.4　对就业的影响评价 …………………………………………………… 048
4.5　评价结论 ……………………………………………………………… 050

5 高速公路建设对社会发展的影响评价

- 5.1 高速公路对社会发展影响机理分析 ……………………………… 054
- 5.2 高速公路对出行便捷性的影响评价 ……………………………… 055
- 5.3 高速公路对交通安全的影响评价 ………………………………… 060
- 5.4 高速公路对应急保障的影响评价 ………………………………… 061
- 5.5 高速公路对节能环保的影响评价 ………………………………… 062
- 5.6 高速公路对人民生活水平的影响评价 …………………………… 065
- 5.7 评价结论 …………………………………………………………… 068

6 高速公路建设对国家战略的影响评价

- 6.1 高速公路对国家战略的影响机理研究 …………………………… 074
- 6.2 高速公路对区域协调战略的影响评价 …………………………… 075
- 6.3 高速公路对新型城镇化战略的影响评价 ………………………… 080
- 6.4 高速公路对脱贫攻坚战略的影响评价 …………………………… 082
- 6.5 高速公路对军民融合战略的影响评价 …………………………… 084

7 高速公路建设对社会文化的影响评价

- 7.1 高速公路建设对社会文化影响的机理分析 ……………………… 088
- 7.2 高速公路对自身行业文化的影响评价 …………………………… 090
- 7.3 高速公路对旅游产业发展的影响评价 …………………………… 091
- 7.4 高速公路对区域文化交流的影响评价 …………………………… 092

8 我国高速公路发展初步展望

- 8.1 高速公路发展面临的机遇与挑战 ………………………………… 096
- 8.2 新时期高速公路发展重点 ………………………………………… 098

参考文献

索引

高速公路发展基本理论问题

ONE 1

高速公路对经济社会发展的影响涉及方方面面。在进行高速公路影响评价时，有必要明确高速公路的基本属性，在此基础上研究高速公路对各方面的影响作用机理。

1.1 高速公路基本属性

高速公路是现代综合交通运输网络的重要组成部分，是社会经济发展到一定阶段的必然产物，从它在我国诞生的那一天起，便以独特的功能和效用对中国经济的发展和运行产生着广泛而深远的影响。传统高速公路的概念、内涵是基于交通基础设施、运输服务水平方面阐述的，对于外延认识不足。本部分拟从高速公路的外部特性着手，综合运用多学科理论，进一步拓展高速公路的外延，探索高速公路的基本属性。

从高速公路形成过程及其经济学意义上看，它是社会劳动凝结而成的具有特定使用价值的劳动产品，其服务对象是社会经济活动中的广大道路使用者；从高速公路所具有特定功能的外在表现形式上看，它明显具有"公共物品"的部分特征，即高速公路对社会产生的利益不可分割地扩散给几乎所有社会成员。综上所述，高速公路的属性是多方面的，其中最明显的属性是高速公路的公益性和商品性。

1.1.1 高速公路的公益性

高速公路一般是由政府规划、筹建，并服务于全社会公众，属于一个国家的基础结构，是国民经济的先导性基础产业，具有固定的社会公益性。高速公路作为社会公益性基础设施的属性，主要表现为以下三个方面：

（1）服务功能的基础性

高速公路对国民经济的运行具有基本承载作用。现代市场经济是建立在专业生产和分工协作基础上的社会系统运动过程，其中的人员交往、物资流通、信息传递和资金运作等，都离不开高速公路提供高速、安全、便捷的交通服务。

（2）服务对象的公共性

高速公路不仅服务于国民经济系统中所有的物质生产、流通和消费部门，服务于经济活动的全过程，而且服务于社会政治、军事、文化、教育等各个领域。

（3）服务效益的社会性

服务效益的社会性即经济意义上的"利益外部性"。高速公路在促进国民经济发展、活跃商品流通、加快资源开发利用以及满足社会公路客货运输需要等方面发挥着重要的作用。修建高速公路不仅可以从缩短运输里程、减少交通拥挤、节约运输时间、降低运输成本、加快物资流通、便于人员交往等方面获得直接的经济效益,而且对沿线地区资源开发、新的经济增长点或产业带的形成、区域经济的发展都将产生积极的促进作用。同时,高速公路的建设和运营,还将给整个相关区域的社会生产、生活带来广泛的社会效益。

1.1.2 高速公路的商品性

高速公路作为社会经济活动过程中形成的劳动产品,无论是从其价值构成内容,还是从使用价值的基本表现形式来看,都具有成为商品的基本条件。一方面,修建高速公路投入大量的人力、物力和财力,凝结形成了高速公路的价值。另一方面,高速公路特有的道路交通条件,高质量地满足了社会经济中的交通需求,保证了货畅其流、人便于行,有效地减少了客货位移的时间和实现了空间有效利用,这就是其独特的使用价值。高速公路的商品性有如下特征:

(1)具有规模收益的递增性

规模经济是指在经济社会中因生产规模的变动而引起的收益变动的规律。当产品或服务的所有生产要素同时增加或减少时,就意味着生产规模扩大或者减少,这会导致收益的变动。如果随着规模的扩大,产品或服务的收益增加幅度高于规模扩大幅度,则称为规模收益递增;反之,则称为规模收益递减;如果规模扩大与收益增加的幅度相等,则称为规模收益不变。

高速公路具有明显的规模收益递增的商品属性。从4车道到6车道,规模增加1.5倍,通行能力增加2倍;从4车道到8车道,规模增加2倍,通行能力增加4倍。而在同等条件下通行能力的成倍增长,意味着收取的车辆通行费也会成倍增加。高速公路的规模收益递增还表现在高速公路的长度和联网程度上。一般来说,随着高速公路长度的增加,车辆通行费收入呈显著递增状态。联通网络状的高速公路比单纯连接两地的高速公路具有更显著的经济效益。

高速公路这种规模效益递增的商品属性决定了高速公路必须超前发展。一般来说,高速公路通车前期车流量处于不饱和状况,经济效益不能完全体现,但随着经济的增长,高速公路车流量会迅速增加。如果高速公路等级标准过低,就会在通车后很快形成车速慢和堵车的现象,不得不改扩建,而改扩建的费用远远高于高速公路前期建设标准一次到位的费用,因此,高速公路的建设规模应考虑长远发展的需要,按照十几年甚至几十年的经济发展和车流量的增长情况来确定。鉴于高速公路典型的规模经济效应,在建设期就应从长远考虑,按较高的标准和规模修建,这样才能适应高速公路收益递增的商品属性。高速公路收益递增的商品属性也决定了高速公路网络化的重要性。一旦形成网络，就能有效形成点对点的快捷运输效应，增强高速公路影响力和扩散力，起到铁路、航空、水运不能替代的作用。

（2）具有级差效益性

与普通公路相比，高速公路具有鲜明的级差效益。所谓级差效益是指用相同汽车完成相同的运输工作，使用高速公路可以比使用普通公路得到更高的效益。与土地的级差地租相似，公路也会因等级的不同而产生级差效益，不同等级的公路提供相同服务时所产生的效益不同。总的来说，高速公路相对普通公路而形成的级差效益主要表现在四个方面：一是汽车行驶成本的降低。包括油料的节省、维修费用的降低、轮胎消耗成本的下降等。二是行驶时间的节约。包括货物运行时间减少、资金周转加快的效益，驾驶员工时节约的效益，旅客时间节约的效益等。三是行驶里程缩短的效益。由于高速公路选线标准高，相比普通公路而言，两地之间的距离相对缩短，由此会带来里程缩短的效益。四是交通事故损失较少的效益。这些效益都是道路使用者能够直接得到的。

由于级差效益的存在，才有大量的道路使用者愿意交费通过收费的高速公路，而不是使用与高速公路并行的不交费普通公路，这就使高速公路可以实行收费制度。高速公路级差效益性，决定了高速公路能够影响区域经济格局，并在沿线形成高速公路产业带。由于高速公路具有集聚效益，随着高速公路的全封闭和节点之间距离的增加，沿线区域经济发展情况不同于普通公路，由开放型逐步向集聚型方向发展，使生产要素迅速向产业带和发达地区集中，从而形成新的区域经济发展格局。

1.1.3 高速公路的公益性和商品性的关系

国家发展高速公路的主要目的不在于取得直接的经济效益和回报，而是为了加快经济和社会的发展。所以，高速公路的公益性是固有的基本属性，由此表现出来的是其功能性属性，也是我们要努力实现的目标性属性。这一属性是由高速公路在国民经济中的地位决定的，并不以人的意志选择所转移，也不会随时间的推移而消失。

高速公路的商品性体现在供给方式上。高速公路可以由政府无偿提供或适当收取一定的费用，也可以由市场以商品的形式提供。由于我国现阶段经济发展水平的限制，国家无力全部承担修建高速公路的巨额费用，现已建成的高速公路大多引用了各种形式的有偿投资，不能像全由国家财政投资修建的公路那样免费使用，也不能像有些劳动产品那样仅供生产者自己消费和使用，而是通过"交换"提供给社会公众使用，并取得相应的价值补偿。但高速公路的这种商品性是具有阶段性的。高速公路是重要的公益性产品,随着经济发展和国家财力的增强,国家必然会加大对高速公路的无偿供给量。在这种情况下,高速公路的商品性也就逐步失去其存在的基础。可见,高速公路商品性是在高速公路的多种供给方式中,选择由市场以商品的形式提供而体现出来的一种属性。与高速公路的公益性比较,其商品性所体现的是一种供给方式,而且具有明显的可选择性和阶段性,并不是高速公路固有的和必须具有的属性。

高速公路的商品性从属于高速公路的公益性。高速公路的公益性是社会功能性属性,而商品性是一种供给方式性属性,两者属于不同类型的属性。高速公路的公益性并不排斥商品性,甚至在一定的历史阶段下还需要发挥高速公路的商品性来实现公益性目的。但是,发展高速公路的商品性本身不是目的,而是将其作为一种实现高速公路公益性的补充方式。是否发展高速公路的商品性、多大程度地发展高速公路的商品性,并不取决于人的主观意愿,必须以其是否能更好地实现高速公路公益性作为取舍。高速公路的商品性必须从属于高速公路的公益性,高速公路的公益性是最终要实现的目标性属性。

1.2 高速公路的影响作用

1.2.1 高速公路的影响作用分析

高速公路是一种现代化的公路运输通道,对促进国家的发展起着重要的作用。事实表明,作为基础设施的高速公路对沿线的资源开发,物流、产业结构的调整,招商引资,横向经济联合起到一定的促进作用。区域经济的发展和区域内高速公路的通车里程有很大的关系。高速公路本身的建设可以推动扩大内需、投资,创造很多的就业机会,促进经济增长,促进社会和谐,改善社会民生,实现以人为本的科学发展观。高速公路发展所引发的影响更是长远的、潜在的,不管是在建设期还是在运营期,都是推动经济社会发展的强劲"发动机"。

(1)促进经济稳步增长

高速公路降低生产运输成本,在很大程度上实现了资源合理运用,完善了投资环境,促进了沿线经济产业带的形成,给经济发展注入了强大的活力和生机。同时,高速公路建设投资规模大,资产优良,涉及钢铁、水泥等原材料制造加工、装备制造等产业链条,本身就是拉动投资的重点领域,对经济稳增长发挥着重要作用。

高速公路大幅推动沿线经济的发展。高速公路的建成,有效地降低了沿线地区企业物流成本,提高了经济运行效率效益,有效促进了沿线工业的发展。高速公路网为城市间的往来带来了极大的方便,加强了地区之间的联系,使区域优势得到加强,在招商引资上更具有吸引力,改善了投资环境。高速公路的交通优势,加强了各类工业园区的建设,优化了生产力布局,促进了产业结构的调整和产业内升级。

高速公路的建设对农业的发展起到推动作用,缩短了农产品的运输时间,保证了农用物资的及时调配,加快了农业信息的交流,有助于农业生产结构的调整和优化,有助于农业的规模经营和集约化生产,有力地推动了农产品的商品化和农业的现代化经营。

高速公路建设有效地促进了沿线商业的繁荣,为促进商品流通提供了快捷的基础条件,缩短了产地和销地的距离,减少了运输费用和时间,方便人员来往和技术交流,大大促进了商业的发展,推动了经济发展的市场化进程,拓宽了商业领域从业人员的视野。

高速公路的发展对沿线旅游业起到推进作用,不仅促进了沿线旅游景点的开发,而且促进了旅游人数及旅游收入的增加。高速公路的四通八达,也使每年的自驾游车队数量与日俱增,有效地推进了旅游业的发展。

(2)提高人民生活质量

高速公路建设不仅改善了交通条件,促进了经济发展,而且大幅度提高了人们的生活质量。高速公路的发展推进了沿线经济的增长,便利的交通条件为农村剩余劳动力提供更多的向外转移的条件;有利于人民群众走出去,把本地的产品销售出去,还可购买到质量更好、价格更为低廉的原材料、生活用品,得到更高利润的同时降低消费成本;有利于人民群众及时获得更多的市场信息,根据市场需求及时调整产品种类和经营项目;有利于形成更多小城镇繁荣发展的局面,提高中小城镇城市化进程的速度。

(3)带动区域协调发展

高速公路的大范围建设,让沿线区域有了高效的沟通的纽带,在高速公路布局的点位在其范围内高效运输、强化沟通联系,形成了广泛的区位优势,通过引进流通资金、高新技术、流动人口劳动力等,促进生产要素汇集,形成了由点到面的区域经济辐射特点。

高速公路的纵向沟通能力又让这种辐射加快向沿线发展,以致在高速公路的基础上形成了沿线产业带,让整个呈带状分布的区域经济效益都获得了不同程度的提升。沿线经济和产值发展速度的加快、扩张,依靠外资引进和强化交流,企业生产规模的逐步扩大,产值总量的迅速提高,深化第二产业、产业结构的合理调整,沿线中小城市、乡村的经济崛起,第三产业转移步伐的加快,农村城镇化、城乡一体化进程的脚步加快,城市发展进程的持续加速,各种经济空间的整合统一和协调发展,这些情况都表明了高速公路带动了区域经济的可持续发展和全面协调,让点位横向辐射、强势带动弱势、纵向拓展的高速公路经济交流形成了一种统一、全新、健康的发展形势。

(4)推动社会文化发展

对于区域社会文化发展而言,高速公路网的形成,不仅改变了交通运输格局,更主要的是重新定义了各区域的区位优势和时空概念,重新塑造了主导产业和竞争格局。因此,县、市甚至是省都可跳出自身的行政区域边界,放眼于更大的范围,从有利于区域发展的大局出发,找准定位,辩证地认识竞争与合作,重新认识优势、再造机遇,通过分工与协作培植各具特色的发展特点。

高速公路的建设,缩短了城市之间的时空距离,密切了沿线各地间的联系,使各城市联结成各具特色、优势互补的有机整体,进一步促进对外开放。同时,加快了人才和技术等资源的开发、利用,为沿线地区的交流合作提供了便利条件,也促使了沿线地市整体科技水平不断提高。

高速公路的建设吸引了其他地区的人口、劳动力向经济带聚集,促进了人口、劳动力由农村向城镇,由农业向非农业,由第一产业向第二、三产业转移,密切了城市群体间的联系,加快了城乡一体化的进程,拓展了人们的活动空间,改变着人们的思想观念,使人们的地域观念、时间观念发生重大变化,强化了人们的开发意识和开拓意识,拓宽了人们的视野。

1.2.2 高速公路的影响作用特点

(1)影响的间接性

高速公路对经济社会发展的影响作用具有间接性。一是高速公路对经济社会发展的影响是通过其与各生产部门和社会再生产各环节之间的联系、相互作用来实现的,产生的效益有直接效益和间接效益,间接效益一般占有更大的比重。二是高速公路对经济社会发展的影响大多数是与其他要素协同产生的。比如,交通运输发展、科技进步等多个要素协同作用,促进区域经济发展。

(2)影响的宏观性

高速公路作为一种重要的交通基础设施,对经济社会发展的影响范围大。客观来说,影响不仅发生在沿线范围内的运输领域,还广泛分布在全社会非运输领域的其他产业部门。因此,高速公路对经济社会发展的影响作用具有宏观性的特点。

(3)影响的不可量化性

经济社会发展受到多方面因素交互作用,高速公路只是其中影响因素之一,这使得直接定量评估各种力量作用几乎不可行。此外,高速公路本身具有宏观性,高速公路与经济社会发展具有相互影响关系,从而高速公路对推动经济社会发展的支持作用具有不可量化性。

(4)影响的滞后性

高速公路对经济社会发展的影响作用所产生的社会效益与时间密切相关,少量社会效益在建设过程中产生,更多的社会效益需要一定时间跨度,与其他因素协同作用后才能显现出来。

(5)影响的时期变化性

在不同发展阶段,经济社会发展对于高速公路的需求不同,高速公路对推动经济社会发展的支撑作用也存在不同的实施路径,这使得推动经济社会发展的研究也会发生变化。

1.3 高速公路影响评价方法研究

1.3.1 定量指标评价方法

1)投入产出法

投入产出理论的核心内容和重要工具是投入产出表。所谓投入产出表就是采用表格的形式扼要地描述经济系统中各个部门、各种投入的来源,以及各类产品的去向。投入产出表的形式很多。按照所计量单位的不同,可分为实物型和价值型;按照计算时期的不同,可分为静态投入产出表和动态投入产出表。在国民经济核算中,一般采用以货币为计量单位的静态的价值型投入产出表。

投入产出表的部门分类与现行的国民经济行业分类有所不同,投入产出表一般以产品为对象,把具有某种相同属性(产品用途相同、消耗结构相同、生产工艺相同)的若干个产品组成一个产业部门,根据产品部门的统计数据进行编制。因此,投入产出表的产品部门真正体现了按货物或服务的属性归类。

(1)投入产出表结构

投入产出表由四个象限构成,示例见表1-1和表1-2。

标有数学符号的投入产出简表 表 1-1

投入		产出				最终产品	总产出
		中间产品					
		1	2	……	n		
中间投入	1	x_{11}	x_{12}	……	x_{1n}	y_1	X_1
	2	x_{21}	x_{22}	……	x_{2n}	y_2	X_2
	……	……	……	……	……	……	……
	n	x_{n1}	x_{n2}	……	x_{nn}	y_n	X_n
最初投入		v_1	v_2	……	v_n	—	—
总投入		X_1	X_2	……	X_n	—	—

产业部门投入产出表示例 表 1-2

投入		产出											总产出
		中间产品						最终产品					
		农业	工业	交通运输	邮电	……	服务业	小计	最终消费	固定资产形成总额	库存增加	净出口	小计	
中间投入	农业													
	工业							Ⅰ					Ⅱ	
	交通运输													
	邮电													
	……													
	服务业													
	小计													
最初投入	劳动者报酬													
	生产净税额							Ⅲ					Ⅳ	
	固定资产折旧													
	营业盈余													
	小计													
总投入														

第Ⅰ象限是由名称相同、排列次序相同、数目一致的若干个产品部门纵横交叉而成的 $n \times n$ 阶中间产品矩阵。其横行是中间投入,纵列为中间产品。矩阵中的每个数字 x_{ij}

具有两重含义:横行的方向,反映产出部门的产品/服务提供给该行投入部门作为中间产品的数量;纵列的方向,反映投入部门在生产过程中消耗该列产出部门的产品/服务的数量。第Ⅰ象限揭示了国民经济各部门之间相互依存、相互制约的技术经济联系,是投入产出表的核心。

第Ⅱ象限是第Ⅰ象限在水平方向上的延伸。横行和第Ⅰ象限的部门分组相同;纵列是最终消费、资本形成总额、库存增加、净出口等各种最终产品。这一部分反映各生产部门的产品/服务用于各种最终产品的数量和构成。第Ⅱ象限描述了已退出或暂时退出该轮社会再生产过程的产品/服务的情况,体现了国内生产总值经过分配和再分配后的最终产品。

第Ⅲ象限是第Ⅰ象限在垂直方向上的延伸。横行包括劳动者报酬、生产税净额、固定资产折旧、营业盈余等各种最初投入;纵列的部门分组与第Ⅰ象限相同。这一部分反映各产业部门的增加值或最初投入的构成情况,体现了国内生产总值的初次分配。

第Ⅳ象限一般认为主要反映再分配关系,但是再分配关系绝非第Ⅱ象限和第Ⅲ象限的简单交叉,因此,到目前为止尚是一个空象限,其内容还有待研究。

第Ⅰ和Ⅱ象限组成的横表,反映国民经济各部门的产品/服务的使用去向,即各部门的中间产品和最终产品数量。第Ⅰ象限和第Ⅲ象限组成的竖表,反映国民经济各部门在生产经营活动中的各种投入来源及产品价值构成,即各部门的中间投入和增加值的数量。投入产出表三大部分相互连接,可以从总量和结构上全面、系统地反映国民经济各部门从生产、收入分配到最终产品三个阶段的货币运动过程及其相互联系。

(2)投入产出表的平衡关系

行平衡:中间产品 + 最终产品 = 总产出,即 $\sum_{j=1}^{n} x_{ij} + y_i = X_i$。

列平衡:中间投入 + 最初投入 = 总投入,即 $\sum_{i=1}^{n} x_{ij} + v_j = X_i$。

总量平衡:总投入 = 总产出,即 $\sum_{j=1}^{n} X_j = \sum_{i=1}^{n} X_i$。

每个部门的总投入 = 每个部门的总产出,即 $X_j = X_i$。

最初投入总计 = 最终产品总计,即 $\sum_{j=1}^{n} v_j = \sum_{i=1}^{n} y_i$。

(3)投入产出表的主要系数

利用投入产出表进行经济分析,最主要的系数包括:GDP(国内生产总值)增值系数、直接消耗系数、完全消耗系数和分配系数等。

2)相关性分析

定量指标的评价方法为相关分析,是一种常用的统计分析法,分为三步。

步骤一:散点图分析

以高速公路里程为横轴,待分析指标为纵轴,运用建设高速公路后各年数据绘制散点图。通过观察散点分布形状直观判断高速公路里程与待分析指标之间是否存在较为明显的相关性。

步骤二:相关分析

若通过散点图分析,得知高速公路里程与待分析指标之间存在较为明显的相关性,则可进一步进行相关系数计算与检验。应根据数据特点选择合适的相关系数计算与检验方法。

步骤三:结果解释

对计算结果进行解释。

1.3.2 定性指标评价方法

定性指标的评价方法是案例法与文献阅读法。案例法是指从调研、资料搜索、文献阅读三种来源获取案例,通过案例说明高速公路对待分析指标的影响。文献阅读法是指通过阅读文献搜集研究成果说明高速公路对待分析指标的影响。

我国高速公路发展历程

2.1 发展阶段

从 1988 年沪嘉高速公路投入运营到 2018 年,我国高速公路走过了 30 年的发展历程。回顾我国高速公路的发展,迄今为止大致经历了五个阶段:1978 年(改革开放)至 1987 年的前期准备阶段,1988 年至 1997 年的起步发展阶段,1998 年至 2007 年的快速发展阶段,2008 年至 2015 年的跨越式发展阶段,以及 2016 年以来的转型发展阶段。

2.1.1 前期准备阶段

1978 年,我国经济开始由计划经济向社会主义市场经济过渡,长期压抑的客货运输需求得到释放,公路交通建设长期滞后造成的供给能力不足问题日益凸显,主要干线公路交通拥挤、行车缓慢、事故频发,严重影响了物资运输效率。当时,世界上已建成高速公路 16 万多公里,而我国大陆还没有高速公路。经过充分的调研考虑,国务院提出建设京津塘高速公路的设想。然而,在当时的社会背景下,人们思想不够解放,对于"我国要不要修建高速公路"的问题认识并不统一:支持者认为修建高速公路有利于解决我国生产资源地理分布不均问题,能够带来良好的经济社会效益;反对者认为高速公路投资大、占地多、能耗高,服务对象为高消费的小汽车,不符合我国能源匮乏、财政紧张的基本国情。为统一思想,1983 年交通部在北京召开了交通运输发展座谈会等一系列会议,进一步提高了人们对建设高速公路的认识。1984 年,国务院采纳了天津市提出的要加快修建京津塘高速公路的意见,京津塘高速公路成为我国大陆经国务院批准的第一条高速公路。同年,各地方政府也进行了一系列尝试,沈(阳)大(连)公路按照一级汽车专用公路标准开工建设,建成后达到高速公路技术标准;沪(上海)嘉(定)、西(安)临(潼)、广(州)佛(山)3 条里程较短的高速公路也经审批立项,开工建设。这些带有学习、探索和实验性质的工程建设为我国高速公路的发展积累了丰富的经验,打下了坚实的技术和人才基础。

在初始阶段,高速公路建设财政资金投入严重不足。地处改革开放前沿的广东省首先提出"以桥养桥,以路养路"的新思路,进行了"贷款修路、收费还贷"的初步尝试。1984 年 12 月,国务院第 54 次常务会议将"贷款修路、收费还贷"确定为促进公路发展的政策之一,明确规定:交通部门可以利用贷款和集资建设公路,收取车辆通行费偿还贷款和集资;提高公路养路费的征收标准,部分用于公路建设;征收车辆购置附加费,用作公路建设专用资金。同年,京津塘高速公路引入了世界银行贷款。加快公路建设"三项政策"❶的制定,打破了传统的投资体制,建立了投资主体多元化和公路收费制度,为高速公路事业的快速持续发展提供了资金保障。

这一阶段,正是我国改革开放初期,工作重心刚刚转向经济建设,关于建设高速公路的争论体现了当时社会背景下对于新生事物认识的不统一。我国政府在改革中不断探索,勇于尝试,研究制定公路建设"三项政策",拉开了全国高速公路大建设的序幕。

2.1.2 起步发展阶段

1988年,沪嘉高速公路建成通车,实现了高速公路"零"的突破,彻底结束了我国大陆没有高速公路的历史。然而,当时为了抑制经济过热,中央对经济实行整顿治理,紧缩银根、减少基建,高速公路建设遇到很大的阻碍,但我国发展高速公路的决心并没有动摇。1989年,交通部在沈阳召开"高等级公路建设经验交流现场会",明确"高速公路不是要不要发展的问题,而是必须发展"。

1992年,邓小平南方谈话后,我国高速公路市场化进程开始加快。同年,交通部出台了第一个涉及高速公路的建设规划——《"五纵七横"国道主干线系统规划》,为高速公路发展制定了行动纲领。1993年,全国公路建设工作会议在山东济南召开,确定了我国公路建设将以高等级公路为重点的战略转变。济南会议掀起了全国高速公路建设热潮,京津塘、成渝、广深、济青等一批具有重要意义的高速公路相继建成。与此同时,高速公路战略规划、投融资、政策法规、工程技术、管理制度等方面也取得积极进展。1994年,分税制改革以后,高速公路"国家投资、地方筹资、社会融资、利用外资"投融资模式逐步形成,高速公路快速融资、盘活资产的渠道建立。1997年,八届全国人大常委会第二十六次会议通过了我国第一部规范公路建设和管理的法律——《中华人民共和国公路法》,为高速公路发展制定了行动纲领;交通部组织行业技术力量,启动了60余项公路工程标准制定工作,对高速公路的设计、施工、养护管理等起到技术保障作用;交通基础设施重点项目前期工作制度和项目管理四项基本制度基本建立。1988—1997年我国高速公路通车里程如图2-1所示。

这一阶段,我国社会主义市场经济体系还不完善,和其他行业类似,高速公路建设事业起步艰难,发展缓慢。随着市场化改革的深入,高速公路投融资渠道不断拓展,1992年以后建设规模呈线性增长,年均增长率近50%,1997年通车里程接近4800公里。这

---

❶ 加快公路建设的"三项政策":开征车辆购置附加费;适当提高养路费征收标准;出台"贷款修路、收费还贷"政策。

一时期高速公路发展主要集中在东部沿海经济发达地区,为东部率先发展提供了有力支撑。

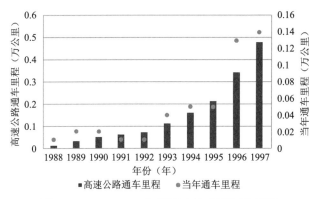

图 2-1　1988—1997 年我国高速公路通车里程

2.1.3　快速发展阶段

1998 年,我国高速公路建设迎来第一个快速发展阶段。为应对亚洲金融危机,我国政府作出了"实施积极财政政策,加快基础设施建设,扩大内需"的重大决策,其中公路建设是重中之重。当年,交通部在福州召开全国加快公路建设会议,将 1998 年公路投资规模由 1200 亿元调整至 1600 亿元。此后,我国加快了高速公路的建设步伐。

1999 年,我国开始实施西部大开发战略,为提高西部地区经济社会发展水平、巩固国防,交通部提出加快建设 8 条西部省际通道的任务,与国道主干线一起,形成连接西部与中部和东部地区、西南与西北地区、通江达海、连接周边国家的公路运输骨架。2003 年 10 月,中共中央、国务院正式印发《关于实施东北地区等老工业基地振兴战略的若干意见》,着力加大对黑龙江、吉林和内蒙古东部地区的高速公路建设投资力度。此后,又实施了中部崛起发展战略,打通了中部省份、省际以及与其他经济区域之间的高速公路联系,有效促进了高速公路织线成网。2004 年,国务院常务会议审议通过《国家高速公路网规划》。这是国务院正式批准的第一部高速公路规划,要求建成由中心城市向外放射、横贯东西、纵贯南北的高速公路大通道,该大通道由 7 条首都放射线、9 条南北纵向线和 18 条东西横向线组成。1998—2007 年我国高速公路通车里程如图 2-2 所示。

这一阶段,高速公路建设速度是上一阶段的 10 倍,年均建成里程近 5000 公里,2007 年底全国总里程迈上 5 万公里台阶。在西部大开发、中部崛起等国家区域战略部署下,经过这一阶段的快速发展,我国高速公路布局逐步向中西部推进,高速公路骨架初步成网。

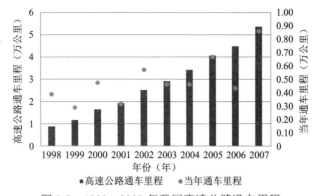

图 2-2　1998—2007 年我国高速公路通车里程

2.1.4　跨越式发展阶段

2008 年,为应对美国次贷危机而引发的全球金融危机,我国政府作出"促内需、保增长"的战略部署,把加快交通基础设施及民生工程建设作为扩大内需的重要举措,逐步形成应对国际金融危机的一揽子计划,进一步加快了高速公路建设步伐。由此,我国高速公路建设进入跨越式发展阶段。

2009 年,全国交通运输工作会议提出启动《国家高速公路网规划》修编工作,并在 2013 年经国务院审议通过。2009 年,公路建设投资达到 9668 亿元,同比增长 40% 以上。仅 2009—2012 四年时间,我国高速公路通车里程就增加了 3.59 万公里。2012 年底,我国高速公路通车里程达到 9.6 万公里,首次超越美国跃升至世界第一。京哈、京沪、青银、沪昆等一批长距离、跨省际高速公路大通道相继建成,国家高速公路网骨架基本形成,到"十二五"期末,国家高速公路通车里程达到 9.3 万公里。2008—2015 年我国高速公路通车里程如图 2-3 所示。

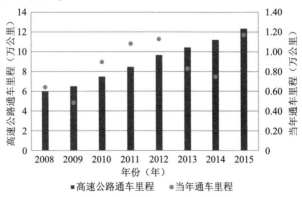

图 2-3　2008—2015 年我国高速公路通车里程

这一阶段,高速公路年均通车里程超过 8000 公里,主要运输通道基本贯通,运输资源紧张状况得到明显缓解,区域高速公路网密度大大增加,加快了区域、城乡的交流,促进了资源的有效配置,改变了人们的生产生活方式。

2.1.5 转型发展阶段

"十三五"是交通运输基础设施发展、服务水平提高和转型发展的黄金时期。党的十八大以来,我国交通建设取得伟大成就,基础设施规模位居世界前列,装备设备数量快速增长,运输服务保障能力显著提升,科技创新不断取得突破,综合治理体系日趋完善。这一阶段,我国已由交通大国开始向交通强国迈进。同时,金融危机过后,世界经济复苏乏力,经济下行压力很大,稳定经济增长、逆周期调节手段不可或缺。因此,我国高速公路发展面临深化改革与转型发展的双向要求。

2015年以来,高速公路年均投资在8000亿元左右,支撑国民经济发展稳中向好,助力"一带一路"倡议以及京津冀一体化、长江经济带、新型城镇化、脱贫攻坚、军民融合、乡村振兴、粤港澳大湾区等国家战略深入实施。同时,伴随国家财税体制改革深入推进,公路财政事权与支出责任划分逐渐理顺,政企实现进一步分离,收费公路专项债、PPP(政府和社会资本合作)等投融资模式更加多元,社会资本吸引力不断增强。

这一阶段,交通运输部门提出了以普通公路为主的非收费公路体系和以高速公路为主的收费公路体系"两个公路体系"总体发展思路,高速公路新的发展格局初步形成。高速公路发展从注重规模和速度向注重质量和效益转变。

30年来,高速公路的发展极大地改变了我国公路交通落后的面貌,完善了综合交通运输体系,促进交通运输实现从"瓶颈制约""初步缓解"到"基本适应"的重大转变,是改革开放推动我国经济社会跨越发展的鲜活案例,也为世界各国高速公路发展提供了中国经验。

2016—2022年,我国高速公路通车里程和当年通车里程如表2-1和图2-4所示。

2016—2022年我国高速公路通车里程和当年通车里程 表2-1

年份(年)	高速公路通车里程(万公里)	当年通车里程(万公里)
2016	13.1	0.74
2017	13.65	0.65
2018	14.26	0.61
2019	14.96	0.7
2020	16.1	1.14
2021	16.91	0.81
2022	17.73	0.82

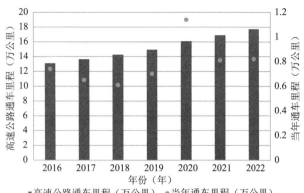

图 2-4 2016—2022 年我国高速公路通车里程

2.2 发展现状

经过 30 年的发展,我国高速公路路网规模不断扩大,运输服务能力逐步提高,科技创新应用逐渐加强,政策法规建设不断完善。截至 2022 年底,我国高速公路通车里程达到 17.73 万公里,位居世界第一,路网覆盖全国约 99% 的城镇人口 20 万以上的城市。

2.2.1 基础设施网络

高速公路建设突飞猛进。1988 年,中国高速公路建设刚刚起步,通车里程仅为 147 公里;到 1999 年超过 1 万公里,中国用了 12 年时间;到 2002 年突破 2 万公里,中国用了 3 年时间;之后每一到两年增加 1 万公里。到 2017 年底,全国高速公路通车里程达 13.65 万公里,位居世界首位。其中,东部地区 3.83 万公里,中部地区 3.51 万公里,西部地区 5.21 万公里,东北地区 1.1 万公里。高速公路通车里程占公路总里程的 2.9%,路网密度达到 142 公里/万平方公里。到 2022 年底,全国高速公路通车里程 17.73 万公里,较 2021 年增加 0.82 万公里;国家高速公路通车里程 11.99 万公里,较 2021 年增加 0.29 万公里。1988—2017 年我国高速公路通车里程如图 2-5 所示。2021 年各地区高速公路通车里程如表 2-2 和图 2-6 所示。

2021 年各地区高速公路通车里程表　　　表 2-2

地区	省(自治区、直辖市)	通车里程(公里)
东部地区	北京	1177
	天津	1325
	河北	8084

续上表

地区	省(自治区、直辖市)	通车里程(公里)
东部地区	上海	851
	江苏	5023
	浙江	5200
	福建	5810
	山东	7477
	广东	11042
	海南	1265
中部地区	山西	5763
	安徽	5146
	江西	6309
	河南	7190
	湖北	7378
	湖南	7083
西部地区	内蒙古	6985
	广西	7348
	重庆	3839
	四川	8608
	贵州	8010.46
	云南	9947
	西藏	407
	陕西	6484
	甘肃	5540
	青海	3503
	宁夏	2079
	新疆	7014
东北地区	辽宁	4331
	吉林	4315
	黑龙江	4520

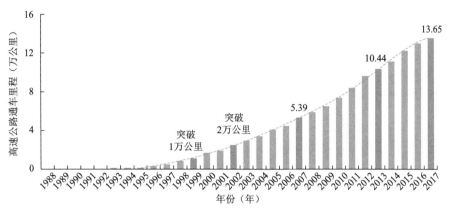

图 2-5　1988—2017 年我国高速公路通车里程

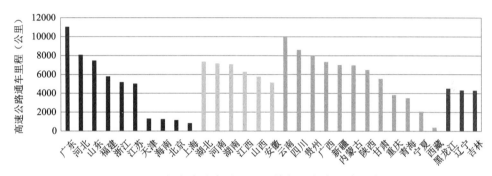

图 2-6　2021 年各省（自治区、直辖市）高速公路通车里程

高速公路网络布局不断完善。1992 年,交通部研究制定《国道主干线系统规划》提出"五纵七横"国道骨架建设规划,总规模约 3.5 万公里,其中 2.6 万公里为高速公路,期限 30 年。2004 年,国务院审议通过《国家高速公路网规划》("7918"网),总规模 8.5 万公里。2013 年国务院批复实施《国家公路网规划(2013 年—2030 年)》,对国家高速公路网进行了再一次的补充、完善,总规模扩展为 13.6 万公里,全面连接地级行政中心、城镇人口超过 20 万的中等及以上城市、重要交通枢纽和重要边境口岸。2007 年,国道主干线系统全面建成。目前,7 条首都放射线、11 条南北纵线、18 条东西横线的国家高速公路网络也已基本建成。

高速公路养护水平明显提升。2010—2017 年,全国高速公路累计 18.8 万车道公里高速公路实施养护工程(含预防性养护),17 个省(自治区、直辖市)年均养护工程(含预防性养护)比重达 17% 以上。2017 年,全国高速公路优良路率达到 99.2%。根据高速公路路面技术状况指标抽检情况,高速公路路面使用性能指数(PQI)均值 92.45,其中,路面损坏状况指数(PCI)均值 91.56,路面行驶质量指数(RQI)均值 93.59,路面车辙深度指数(RDI)均值91.56,均达到《公路技术状况评定标准》(JTG H20—2007)"优等"水平。截至2022年4月,全国高速公路优等路率达到91.5%。

2.2.2 运输服务能力

运输量和行驶量同步增长。2017年,高速公路旅客运输量为221.8亿人次,旅客周转量15913亿人公里,全年人均出行16次,人均出行里程为1129公里。高速公路货物运输量154亿吨,货物周转量27731亿吨公里,分别占全国公路货物运输量比重的41.8%和41.5%。随着高速公路规模的不断增加,高速公路年平均日行驶量逐年上涨,2017年国家高速公路年平均日交通流量为26328辆,约是普通国道网年平均日交通流量的2倍,且历年来始终高于普通国道网年平均日交通流量,如图2-7所示。2010—2017年高速公路通车里程与年平均日行驶量变化趋势如图2-8所示。

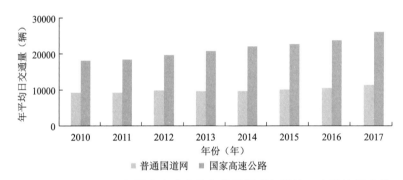

图2-7 2010—2017年国家高速公路与普通国道年平均日交通流量变化

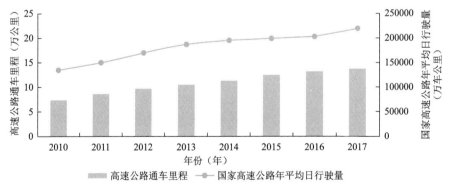

图2-8 2010—2017年高速公路通车里程与国家高速公路年平均日行驶量变化趋势

服务设施数量和质量全面提升。到2017年底,全国已投入运营的高速公路服务区超过2000对,其中百佳示范服务区100对、优秀服务区400对。服务区功能从仅为驾乘人员提供停车、如厕、加油等基本服务,发展到集购物、用餐、休闲、汽修等为一体的多功能服务群,并向客运接驳、旅游服务等延伸。

应急保障能力大幅提高。路网监测管理机构更加健全,2012年交通运输部路网监测与应急处置中心组建成立。到2017年底,各省均建有独立的高速公路运营管理单位和监控指挥调度中心,北京、内蒙古、上海、江苏等18个省(自治区、直辖市)独立设置了路网监测机构。立体监测网络初步形成,高速公路视频监测覆盖率平均已达到每5公里1套设备。应急响应分级管理机制得到,多层次、成熟完善的高速公路应急预案建立,高速公路应急装备储备和应急队伍建设得以强化。同时,通过与气象、地震、公安等部门的协同行动,建立联通协调机制,圆满完成G20峰会、"一带一路"国际合作高峰论坛、金砖国家领导人会晤等重大活动和多次重大突发事件高速公路运输与服务保障工作。

2.2.3 科技创新应用

基础设施建设技术跻身国际先进行列。高速公路主体工程技术已经达到或接近世界先进水平,针对沙漠、黄土、冻土、膨胀土、岩溶、盐渍土等特殊地质区的众多世界级难题攻关取得重大进展。特大桥隧建造技术跻身国际先进行列,陆续建成东海大桥、秦岭终南山公路隧道、杭州湾大桥、麦积山隧道、港珠澳大桥等一批世界级特大桥隧。勘察设计技术手段和装备不断进步,航天遥感、无人机、虚拟现实、BIM(建筑信息模型)技术、CAD(计算机辅助设计)系统集成技术、3S(遥感、地理信息系统、全球导航卫星系统)综合技术等充分运用。

养护科技水平不断提高。建成公路基础数据库,高速公路技术状况、电子地图等数据实现年度采集和更新。路面检测技术不断完备,路况快速检测系统(CiCS)通过英国运输研究室(TRL)组织的SCANNER认证,达到世界先进水平,与早期开发的路面自动弯沉仪(ABB)和路面抗滑性能检测车(RiCS),组成了完整的路面快速检测装备体系。推广应用路况自动化采集技术,以路况水平为依据的养护决策机制基本建立。

运营和服务信息化程度显著提升。基本完成了全国高速公路信息通信干线传输系统联网工程建设,初步实现了全网贯通。高速公路电子不停车收费系统(ETC)实现了全国联网,累计建成ETC专用车道约2万条,ETC用户数突破7000万,主线收费站ETC车道覆盖率超过99%。"路况信息管理系统""公路气象预报预警系统"和"中国公路信息服务网"在全国高速公路推广。开展了京、津、冀、湘、渝等省(市)的中国高速公路交通广播系统建设,普遍提供了高速公路热线电话和网站等服务手段,移动应用服务(App)和微信公众号等方式得到快速推广。

装备制造技术快速进步。引进国外先进的路面施工、检测、试验设备,加强应用和吸收借鉴,不断提升高速公路装备制造自主研发创新能力。开展了筑路机械、路面再生设备、预防性养护设备、高性能自面摊铺设备以及桥梁施工吊装、隧道掘进与支撑等设备的自主研发和工程化应用,研制生产出一批新一代的公路施工机械和装备,在高速公路建设和养护中得到了有效应用,实现高速公路技术体系和产业链条的发展与完善。

绿色科技创新不断加强。重点推进 LED(发光二极管)绿色照明技术、隧道通风照明节能智能控制系统、温拌沥青、冷补养护等新技术、新产品、新材料、新装备应用,积极推广太阳能、风能等可再生能源,加强废旧路面、工业废物等材料再生循环与综合利用。中国高速公路节能环保建设运营技术已处于世界领先地位。

2.2.4 政策法规建设

投融资政策不断完善。1984 年国务院第 54 次常务会议作出"贷款修路,收费还贷"的重大决定,2004 年国务院出台《收费公路管理条例》,形成了"国家投资、地方筹资、社会融资、利用外资"的多元化投融资格局。2017 年,财政性资本金投入占高速公路建设投资总额的比例为 17.58%,非财政性资本金(如社会资本投资、企事业单位自筹)占比为 13.52%,举借银行贷款本金占比为 63.47%,举借其他债务本金(如发行债券、对外借款)的比例约为 5.43%,社会融资和利用外资有效缓解了高速公路建设资金不足的问题。据《2021 年全国收费公路统计公报》显示,截至 2021 年末,我国收费高速公路总里程达 16.12 万公里,比上年末净增加 8310 公里,收费站数量达 488 个。其中,政府还贷公路总里程达 6.86 万公里,累计建设投资总额达 44370.0 亿元,债务余额达 33065.4 亿元,通行费收支缺口达 2699.6 亿元;经营性公路总里程达 9.26 万公里,累计建设投资总额达 68992.4 亿元,债务余额达 41788.5 亿元,通行费收支缺口达 3499.4 亿元。2021 年高速公路建设投资来源占比如图 2-9 所示。

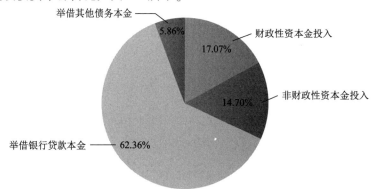

图 2-9　2021 年高速公路建设投资来源占比

注:因四舍五入,占比求和后为 99.99% 而非 100%。

政策法规体系基本形成。经过 30 年的建设发展,涉及高速公路的政策法规共有 20 余项(表 2-3),包括《中华人民共和国公路法》《公路安全保护条例》《收费公路管理条例》等行政法规,以及《关于在公路上设置通行费收费站(点)的规定》《收费公路权益转让办法》等部门规章,促进了高速公路行业快速、规范发展。

高速公路相关政策法规一览表　　表 2-3

年份(年)	名称	出台部门	主要内容和意义
1984	第 54 次常务会议作出"贷款修路、收费还贷"的重大决定	国务院	形成"国家投资、地方筹资、社会融资、利用外资"的投融资模式,支撑了公路交通跨越式发展
1987	《中华人民共和国公路管理条例》	国务院	第一次明确了收费公路的法律地位
1988	《贷款修建高等级公路和大型公路桥梁、隧道收取车辆通行费规定》	交通部、财政部、国家物价局	专门针对收费公路发展的第一部规范性文件
1994	《关于在公路上设置通行费收费站(点)的规定》	交通部、国家计委、财政部	严格收费公路设置条件及收费服务要求
1994	《关于转让公路经营权有关问题的通知》	交通部	加强公路路产管理,规范转让公路经营权的行为
1996	《公路经营权有偿转让管理办法》	交通部	进一步规范公路经营权有偿转让行为,保护转、受让双方投资者的合法权益
1996	《贷款修路、收费还贷审计办法》	交通部	对收费公路实行全过程审计
1997	《中华人民共和国公路法》	全国人大常委会	确立了收费公路基本制度框架
1999	《关于认真做好公路收费站点清理整顿的通知》	交通部	针对收费站点设置和审批等问题开展清理整顿
2000	《关于发布〈高速公路联网收费暂行技术要求〉的通知》	交通部	推进高速公路省内联网收费
2002	《关于治理向机动车乱收费和整顿道路站点有关问题的通知》	国务院办公厅	清理乱收费,严格道路收费站、检查站的审批和管理
2004	《收费公路管理条例》	国务院	收费公路最重要的一部法规,有效规范和促进了收费公路的发展

续上表

年份(年)	名称	出台部门	主要内容和意义
2006	《关于印发全国高效率鲜活农产品流通"绿色通道"建设实施方案的通知》	交通部、公安部、农业部、商务部、发展改革委、财政部、国务院纠风办	在全国建立布局"五纵二横"的"绿色通道"网络,对鲜活农产品运输车辆予以降低或免收通行费
2006	《关于进一步规范收费公路管理工作的通知》	交通部	加大了规范管理的力度,加强收费公路项目的审批把关和收费站点设置管理,暂停政府还贷公路收费权益转让行为
2007	《收费公路联网收费技术要求》	交通部	规范收费公路联网收费的规划建设和运营管理工作,为全国联网奠定基础
2007	《关于开展国家高速公路网路线命名和编号调整工作的通知》	交通部	规范高速公路命名编号管理,更好地服务人民群众安全便捷出行
2008	《关于印发高速公路区域联网不停车收费示范工程暂行技术要求的通知》	交通运输部	规范高速公路区域联网不停车收费示范工程建设,推进ETC区域联网
2008	《收费公路权益转让办法》	交通运输部、国家发改委、财政部	全面规范收费公路权益转让行为
2009	《国务院办公厅关于转发发展改革委交通运输部财政部逐步有序取消政府还贷二级公路收费实施方案的通知》	国务院	逐步有序取消政府还贷二级公路收费,收费公路结构不断优化
2011	《关于开展收费公路专项清理工作的通知》	交通运输部、国家发展改革委、财政部、监察部、国务院纠风办	对收费公路发展不规范行为进行全面整改和规范
2011	《收费公路联网电子不停车收费技术要求》	交通运输部	规范收费公路联网电子不停车收费,为全国ETC联网奠定基础
2011	《公路安全保护条例》	国务院	加强公路保护,保障公路完好、安全和畅通

续上表

年份(年)	名称	出台部门	主要内容和意义
2012	《国务院关于批转交通运输部等部门重大节假日免收小型客车通行费实施方案的通知》	国务院	在春节、清明节、劳动节、国庆节等四个国家法定节假日及连休日,对7座以下(含7座)载客车辆免费通行
2014	《关于开展全国高速公路电子不停车收费联网工作的通知》	交通运输部	组织开展全国ETC联网
2015	《收费公路管理条例》(修订征求意见稿)	交通运输部	对收费公路政策进行全面调整和完善
2017	《中华人民共和国公路法》修订	全国人大常委会	将收费公路收费权转让由审批改为备案
2018	《国家公路网命名和编号调整工作实施方案》	交通运输部	进一步规范国家高速公路命名编号管理,更好地服务人民群众安全便捷出行
2019	《深化收费公路制度改革取消高速公路省界收费站实施方案》	国务院办公厅	加快取消全国高速公路省界收费站,实现不停车快捷收费
2021	《全面推广高速公路差异化收费实施方案》	交通运输部、国家发展改革委、财政部	推广高速公路差异化收费,持续提升高速公路网通行效率

2.3 发展实践

(1)制定高速公路建设发展的基本方针

高速公路建设资金需求大、涉及面广,需要多方力量的支持,为此,我国提出了"统筹规划、条块结合、分层负责、联合建设"的方针。中央层面,交通运输部门负责制定公路发展战略、规划、政策,技术标准和提供行业指导,对高速公路建设项目实行投资支持和引导;地方层面,各级政府负责高速公路建设资金筹集,负责高速公路的建设、改造、养护等。"条块结合"的管理体制既能发挥中央政府在宏观调控、政策引导等方面的优势,又赋予地方政府更多的自主权,更好地发挥地方政府在信息和资源等方面的优势,从而调动中央、地方和人民群众各方的积极性,形成举全社会之力建设高速公路的良好局面。

(2)编制完善高速公路路网布局规划

适时编制和完善高速公路路网布局规划,加强规划和前期工作是我国高速公路建设的基本原则。从1988年至2018年,高速公路网络规划里程持续扩大。1992年交通部制定《国道主干线系统规划》,规划里程3.5万公里,由5条南北的纵线和7条东西的横线组成,目标是连接人口超过100万的全部城市以及93%的人口超过50万的城市,覆盖约6亿人口。2005年发布《国家高速公路网规划》,规划里程8.5万公里,由7条首都放射线、9条南北纵向线和18条东西横向线组成,简称"7918网",其中主线6.8万公里,地区环线、联络线等其他路线约1.7万公里,规划目标是覆盖全部省会城市,以及人口超过20万的城市,形成由中心城市向外放射以及横贯东西、纵贯南北的大通道。2013年发布《国家公路网规划(2013年—2030年)》,在"7918"网的基础上,增加了2条南北向高速和6条其他线路,规划里程为13.6万公里。《国道主干线系统规划》《国家高速公路网规划》和《国家公路网规划(2013年—2030年)》从适应经济社会发展需要的角度出发,明确了我国高速公路发展的阶段性目标和布局框架,保障了高速公路的持续健康发展。

(3)拓宽高速公路建设资金来源

公路基础设施发展的巨大资金需求与政府有限财力之间的矛盾是世界各国政府普遍面临的难题,我国作为最大的发展中国家,发展公路事业更是如此。高速公路是重要的公共基础设施,需要长期、持续和巨大的建设和养护资金投入,而收费公路政策对我国高速公路的跨越式发展起到了至关重要的作用。"贷款修路,收费还贷""国家投资、地方筹资、社会融资、利用外资"的收费公路政策兼顾公平与效率,实现了基础设施投融资模式改革与机制创新,打破了财政资金不足的束缚,为高速公路发展带来巨大活力,建成世界上规模最大的高速公路网络,提升了产业、城镇发展和整个社会经济生活的运行效率。在财政实力不足的前提下使公众提前受益,超越正常发展,提前提供了高品质服务,大大增加了人民群众的获得感。

(4)建立高速公路法律法规制度体系

加强法治建设,坚持有法可依、有法必依、执法必严、违法必究,是社会主义市场经济条件下交通运输顺利发展的必然要求。交通运输部按照立法与执法并重、执法与监督并举的方针,以《中华人民共和国公路法》为龙头,相继出台了一批交通行政法规和部门规章,制定了一系列公路建设制度及规范,初步建立起高速公路的法律法规制度体系框架,为高速公路跨越式发展提供了坚实的法律保障。《中华人民共和国公路法》在公路规划、建设、养护、经营、使用和管理等方面确立了一系列重要的法律制度,从国家法律层面上确立了发展公路事业的基本方针和重要原则,既为加强公路建设和管理提供了法律依据,又为公民、法人和其他组织投资、经营和使用公路提供了法律保障。2004年,颁布实施《收费公路管理条例》,作为第一部规范收费公路的专门法规,该条例为高速公路投融资、运营管理、监督管理等确立了一系列重要制度,为各级政府及交通主管部门加强高速公路管理提供了法律依据。2011年,颁布实施的《公路安全保护条例》是加强公路保护、保障公路安全和畅通而制定的专门行政法规。此外,在公路建设、养护管理、收费公路管理、交通运输行政执法、技术标准等方面都出台了一系列规章制度和标准规范,促进了高速公路科学发展。

(5)推进交通科技进步与人才培养

科学技术是第一生产力,是经济和社会发展的首要推动力,是一个行业乃至一个国家强盛的决定性因素。把充分发挥社会主义制度的优越性,同运用和发展先进科学技术结合起来,既要集中力量办大事,又要通过科技创新提升传统产业,用最快的速度和最短的时间追赶世界先进水平,缩短同发达国家的差距,是高速公路加快发展的重要经验。改革开放以来,交通部贯彻落实"科学技术是第一生产力"的思想,通过科学研究、科技攻关、工程试验、重大装备开发、行业联合科技攻关、引进消化吸收等多种形式,研制和推广了一大批先进适用的成套技术和装备,推动了交通运输技术水平的提高。20世纪90年代,交通部把推进交通科技进步摆在更加突出的位置,不断加大实施"科教兴交"战略的力度。高速公路建设成套技术、深水基础大跨度桥梁和长大隧道建设技术层出不穷。同时,大力实施"交通人才工程",培养了一大批懂技术、会管理的高素质人才,造就一大批专家型技术人才,为交通事业的发展提供了人才保障。

(6)创新高速公路建设组织模式

公路建设组织模式为高速公路的投融资、建设和运营管理提供了组织机制保障,对确保高速公路建设项目顺利实施、实现项目经济社会效益发挥了重要作用。公路建设组织模式的创新,主要体现在投融资模式和项目管理模式两方面。在投融资方面,以建设－运营－移交(BOT)、建设－移交(BT)、移交－经营－移交(TOT)等为代表的投融资模式,最早在高速公路建设领域得以尝试并应用推广。然后,政府和社会资本合作(PPP)模式也成为缓解政府财政压力、破解融资难题、有效改善公共服务的一种新兴的项目融资模式。在项目管理方面,代建制、施工设计总承包模式开创了高速公路建设项目管理的新模式。相对于传统的设计、施工分别承包而言,设计施工总承包是一种新的工程发承包方式,能够实现设计和施工一体化,有利于提高工程质量、控制投资和工期,并可减少项目管理单位的工作量。实践证明,项目管理专业化、社会化、市场化是高速公路建设管理的必然发展方向,既适应了高速公路建设投融资多元化的管理要求,又为高速公路建设经验的积累、人才队伍的培养和技术水平的进步奠定了基础,成为推动高速公路快速发展的重要保障。

THREE 3

高速公路影响评价体系

3.1 评价基本原则

对高速公路发展的影响评价遵循以下基本原则：

(1) 全面客观

站在宏观层面，在研究高速公路基础理论和总结中国高速公路发展实践的基础上，客观评价高速公路对经济发展、社会民生、国家战略、社会文化等方面的影响。要综合运用层次分析法等方法，构建评价指标体系的目标层、准则层、指标层，系统全面地反映高速公路发展30年对我国发展的总体影响。

(2) 具有代表性

高速公路对经济社会的影响是多方面的，选取的指标要有典型代表性，能够通过指标的计算，有针对性地反映高速公路发展对经济社会相应方面的影响程度。

(3) 具有可操作性

为了保证类型划分指标体系的划分效果和科学性，指标体系既要基础数据易得，具有可操作性，又要保证研究的系统性和科学性，尽可能不遗漏主要影响因素。

(4) 定量与定性相结合

建立数量化的评价指标，得出明确简洁的量化结果是研究追求的目标，但指标体系中并非所有指标都可以用数量指标来衡量，或者计算困难。因此要遵循以定量为主、定性为辅的原则。

3.2 评价体系构建

评价高速公路建设30年对经济社会的影响主要有4个方面：

(1) 经济发展的影响评价，包括对GDP增长的影响评价、对经济产业结构的影响评价、对居民就业的影响评价。

(2) 社会生活的影响评价，包括对便捷出行的影响评价、对交通安全的影响评价、对应急保障的影响评价、对节能环保的影响评价、对人民生活质量的影响评价。

(3) 国家战略的影响评价，包括对区域协调战略的影响评价、对新型城镇化战略的影响评价、对脱贫攻坚战略的影响评价、对军民融合战略的影响评价。

(4) 社会文化的影响评价，包括对自身行业文化的影响评价、对文化产业的影响评价、对区域文化交流的影响评价。

高速公路影响评价指标体系如图3-1所示。

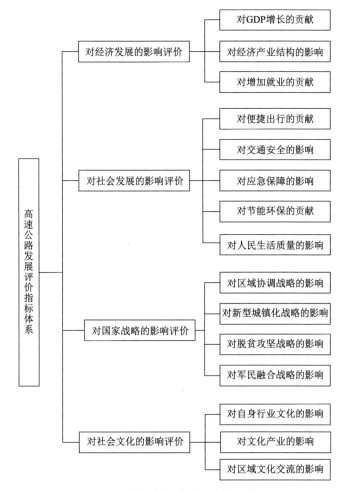

图3-1　高速公路影响评价指标体系

4 高速公路建设对经济发展的影响评价

4.1 对经济发展贡献的机理研究

高速公路对经济发展的影响可以从建设和运营两个阶段进行分析。在建设阶段,作为一种基础设施投资行为,其投资被用于与高速公路建设相关的活动,主要用于建设高速公路基础设施或购买更新运输设备,以支持和保障公路运输的顺利开展。由于产业之间相互关联,公路投资所引起的基础设施建设和运输设备更新会用到采矿业、运输设备制造业等行业的产品,带动这些行业的生产,给这些行业带来产值的增多,从而带动经济增长。在运营阶段,一方面,在服务过程中需要投入劳动力、技术和资本,在生产活动中这些生产要素会创造价值,为经济增长提供积累,这种积累是交通运输通过自身生产活动直接创造的,是整个国民经济的重要组成部分,直接记入 GDP;另一方面,高速公路产出的运输服务提供给需求方,促进需求方的发展,在运输生产过程中又需要供给方的要素作为投入,拉动供给方的发展。

4.1.1 高速公路建设对经济的影响

高速公路建设对经济的贡献主要是通过投资行为拉动所产生。高速公路投资是行业扩大再生产的前提,是改善交通通行条件的基本保障,也是交通活动的重要组成部分,一般具有数额大、投资回收期长的特点,从经济增长源泉的投入要素看,高速公路投资带动经济增长的形成机理是由于投入要素中的资本要素增大而促使的经济增长增多。

(1)直接经济贡献

高速公路投资属于一种投资行为,其投资被用于与高速公路建设相关的活动,一般来说,主要用于建设高速公路基础设施、购买相关建设和养护设备等。由于产业之间相互关联,高速公路投资所引起的基础设施建设和设备更新会用到采矿业、机械设备制造业等行业的产品,带动这些行业的生产,使这些行业产值增多,从而带动经济增长。

(2)间接经济贡献

英国著名经济学家、宏观经济学的创始人凯恩斯在其宏观经济学理论中提出了重要的"投资乘数"概念,即"当投资量增加时,收入的增量将 k 倍于投资增量",也就是说投资对地区生产总值(或国民收入)的增长具有乘数的作用。当然,高速公路投资也不例外,除了对宏观经济总量具有直接贡献外,还会带动社会投资和消费的增长,从而使 GDP 的增量倍数于投资的增量,这些增加的 GDP 就是投资对经济增长的间接贡献。

乘数概念最初由英国经济学家卡恩在 1931 年提出,用来表示一项新投资使就业增加的总量与该投资直接产生的就业量的比例。1936 年,凯恩斯在《就业、利息和货币通论》中对乘数进行了扩展,用来说明收入与投资的关系。他认为在消费倾向既定的情况下,增加投资就会扩大生产资料的生产,进而引起就业和社会上的收入增加,收入的增加又会刺激消费的增加,从而扩大了消费品的生产,同时还会引起就业和收入的增加。可见,一项新投资不仅直接增加收入,而且还通过促进消费需求的增长间接增加收入,故总投资量增加就会使总收入数倍于投资增量的增加。

"投资乘数"理论表明,当政府在正常情况的基础上新增一笔公共工程投资时,由于该工程要雇佣工人和购买设备与原材料,就要支付工资和货款,而货款最后也会变成生产设备和原材料的工人的工资,因此投资会引致消费,消费支出又会变成生产消费品的工人收入,消费又会引致新的消费。如此循环往复,一笔投资就会变成数倍于这笔投资的需求。这个倍数就是乘数,用公式可以表示为:

$$\Delta Y = k \Delta I \tag{4-1}$$

式中:ΔY——GDP 增量;

ΔI——投资增量;

k——投资乘数。

以高速公路建设为例,假设某高速公路投资为 50 亿元,按照支出法核算,这 50 亿元作为最终需求将全部计入 GDP。同时,这 50 亿元还会被用来支付参与该工程员工的工资,支付拆迁、征地费用,购买建筑材料、工程机械等,而工人在得到工资收入后,会按照其边际消费倾向(指增加的单位收入中用于消费的部分所占的比重)购买消费品(如食品、服装等),从而扩大消费支出,使对食品、服装行业的需求受到刺激从而增加产出。进而,这些行业的工人的收入又会相应增加,他们又会增加对电器、房屋、医疗等其他行业的需求,进一步刺激对其他行业的需求,如此反复循环,这些消费支出均会作为最终需求的一部分计入 GDP。由此,一个较小的投资变动,会导致数倍的 GDP 增长。按照凯恩斯的乘数理论,投资乘数的大小取决于边际消费倾向,如果用 c 表示边际消费倾向,那么投资乘数 $k = 1/(1-c)$。

与其他投资一样,高速公路投资也会产生乘数效应,一定的高速公路投资会引起消费增多及对各个行业需求的增加,最终导致数倍的 GDP 增长,这属于高速公路投资对经济增长的完全贡献,与直接贡献不同的是,直接贡献是高速公路投资转换的各行业固定资本形成而带动的 GDP 的增长,而间接贡献是根据"投资乘数"原理由交通投资引起的一系列的经济变动形成的 GDP 的增长。

4.1.2 高速公路运营服务对经济的贡献

(1) 直接经济贡献

高速公路运营作为一种提供出行服务的产业部门,在其服务过程中需要投入大量的劳动力、一定的技术和资本,在生产活动中这些生产要素会创造价值,为经济增长提供积累,这种积累是高速公路运营自身生产活动直接创造的,是整个国民经济的重要组成部分,直接记入 GDP,表现为所有从事高速公路运营服务活动的企业实际经营过程中创造的价值,属于高速公路运营服务的直接经济贡献,而增加值就是其直接经济贡献最终成果的反映。

(2) 间接经济贡献

产业之间是相互关联的,某个产业的存在和发展离不开与其他产业之间的相互联系。产业关联是由供给和需求所维系的,这种维系方式因各产业在产业链中的位置不同而有所差异,产业链中的各产业,大部分既是要素的供给者,又是市场的需求方。作为供给者,它通过向其他产业提供投入的要素来确立自己在产业链中的地位;而作为需求方,则通过对其他产业产出的消费来显示其在产业链中的作用。交通运输业作为国民经济中的一个重要部门,在国民经济中既要把产出的运输服务提供给需求方,促进需求方的发展,在运输生产过程中又需要供给方的要素作为投入,拉动供给方的发展。这其中,高速公路运输在全社会客货运输中占有重要地位,会带动国民经济其他行业的发展,进而带动经济增长。

国民经济每个部门既是生产产品(产出)的部门,又是消耗产品(投入)的部门。目前分析产业之间关联应用最多的是投入产出理论,最主要的分析工具是投入产出表。投入产出表是反映国民经济各部门间投入与产出关系的平衡表,它是以所有部门的产出去向为行、投入来源为列而组成的棋盘式表格。投入产出表主要说明两个基本关系:一个关系是,每一部门的总产出等于它所生产的中间产品与最终产品之和,中间产品应能满足各部门投入的需要,最终产品应能满足积累和消费的需要;另一个关系是,每一部门的投入就是在它生产中直接需要消耗的各部门的中间产品,在生产技术条件不变的前提下,投入决定于它的总产出。因此,基本的投入产出模型可以分为行模型和列模型,项目分析是以投入产出表的行模型为基础的,行模型用公式(4-2)表示为:

$$X = (I - A)^{-1} Y \tag{4-2}$$

式中:X——各部门总产出的列向量;

I——单位矩阵;

A——消耗系数矩阵;

Y——各部门最终需求的列向量。

该模型的经济含义是,当某一部门和某些部门的最终需求发生变化时,将会影响其他部门的产出,以致产生诱发效应。

在投入产出基本模型中,直接消耗系数和完全消耗系数是两个最基本的概念。直接消耗系数也称投入系数,是指生产过程中某一个部门单位总产出所直接消耗的各种中间投入的数量,它是依据投入产出分部门的各列数据计算的,即 j 部门生产所消耗的 i 部门产品的价值;完全消耗系数则是指增加某一个部门单位总产出需要消耗各部门产品和服务的全部数量,它是全面揭示国民经济各部门之间技术经济的全部联系和相互依赖关系的主要指标。本次研究测算交通运输对其他行业的拉动贡献用的是直接消耗系数。

4.2 对 GDP 的影响评价

高速公路的发展主要经历了三个阶段,1988—1997 年为起步发展阶段,沪嘉高速公路建成通车,实现了中国大陆高速公路"零"的突破,结束了中国大陆没有高速公路的历史。1998—2007 年为快速发展阶段,高速公路建设突飞猛进。2008—2015 年为跨越式发展阶段,高速公路年均通车里程超过 8000 公里,主要运输通道基本贯通,运输资源紧张状况得到明显缓解,区域高速公路网密度大大增加。2015 年以来为转型发展阶段,通过提高高速公路投资,助力"一带一路"建设以及京津冀协同发展、长江经济带发展、新型城镇化、脱贫攻坚、军民融合、乡村振兴、粤港澳大湾区等国家战略深入实施。

我国 GDP 增长趋势与高速公路总里程发展总体趋势接近,1988—1997 年,在高速公路起步发展阶段,高速公路总里程较小,GDP 也处于低水平,1994—1997 年 GDP 增长相对较快。1998—2007 年,GDP 与高速公路总里程都处于高速稳定发展时期。自 2008 年跨越式发展阶段以来,我国 GDP 呈现跨越式增长,如图 4-1 所示。

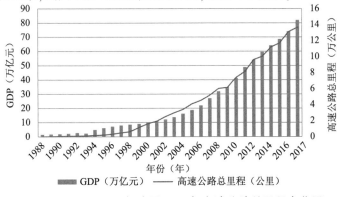

图 4-1　1988—2017 年我国 GDP 与高速公路总里程变化图

4.2.1 高速公路建设对国民经济增长的贡献表现

高速公路建设对国民经济增长的贡献主要指高速公路交通行业对 GDP 的贡献,包括高速公路交通行业直接创造的增加值和间接创造的增加值。

(1)高速公路交通行业直接创造的增加值

高速公路交通行业直接创造的增加值即高速公路交通行业所有经济活动的最终成果。高速公路交通行业的经济活动包括交通主要是交通基础设施建设和客货运输两个方面。从国民经济行业划分看,交通建设属于建筑业,客货运输属于运输业。建设建筑业提供的是有形的产品,运输业提供的是无形的服务。二者在提供有形产品或无形服务的同时,本身也都创造了由劳动者报酬、生产净税额、固定资产折旧和营业盈余等组成的增加值,即经济活动的最终成果,这种成果是国内生产总值的重要组成部分。

(2)高速公路交通行业间接创造的增加值

高速公路交通行业间接创造的增加值是指与高速公路交通行业经济活动密切相关的其他行业经济活动所创造的增加值,因此也称对相关行业的促进作用或波及作用,这种波及作用由三部分组成,即后向波及作用、前向波及作用和消费波及作用。高速公路交通行业间接创造的这些增加值也是 GDP 的重要组成部分。

高速公路交通行业的后向波及作用是指作为交通行业中间投入的产品的生产所创造的增加值。交通行业包括高速公路建设和客货运输,需要直接消耗大量的钢材、水泥、沥青、砂石和能源等物品,这些中间物品的生产会创造出一定数量的增加值。同样,这些钢材、水泥、沥青、砂石和能源等物品的生产又要消耗矿石、能源等中间物品,这些中间物品的生产也会创造出一定数量的增加值。如此循环下去并逐步收敛,直至最初产品的生产。由此创造的增加值即交通行业的后向波及效果,它与交通行业直接创造的增加值之和称为交通行业对国民经济发展的首轮拉动作用。

高速公路交通行业的前向波及作用是指以交通行业产品为中间投入的生产所创造的增加值。交通运输是开展经济活动的必要条件,经济活动的各个领域,无论资源开发、产品加工还是商品流通,都要以客货运输作为中间投入。各经济活动部门若要扩大活动规模、扩展活动范围,实现产品和劳务的商品化,都需交通行业相应增加产品作为这些部门的中间投入。反之,交通行业若能先行发展,则能促进这些部门的经济发展。这种促进作用即交通行业的前向波及效果,也称交通行业对国民经济发展的支撑作用。

高速公路交通行业的消费波及作用是指上述交通行业直接创造的增加值、后向波及作用所创造的增加值和前向波及作用所创造的增加值等形成的国民收入,通过分配与使用而再次引起的国民收入增量。由于上述增加值致使政府、企业和居民的收入增加,政府、企业和居民的消费支出也会随之增加,从而刺激有关部门扩大生产,于是同上述循环相似又创造出一系列的增加值,如此持续下去并逐步收敛,其最终总和为一有限数量。由此创造的增加值称为交通行业的消费波及作用,它与交通行业的前向波及作用创造的增加值之和称为交通行业对国民经济发展的再次拉动作用。

4.2.2 高速公路建设对国民经济增长的贡献测算

(1) 高速公路交通行业直接创造的增加值

高速公路交通行业直接创造的增加值即高速公路交通行业所有经济活动的最终成果。

根据国民经济核算原理,结合前述分析,公路交通行业直接创造的增加值计算公式为:

$$E_d = \sum z_j X_j \tag{4-3}$$

式中:E_d——高速公路交通行业直接创造的增加值;

z_j——高速公路交通行业的 GDP 增值系数;

X_j——计算期高速公路交通行业的总投入(总产出)。

① 高速公路建筑业直接创造的增加值。

按照上述高速公路交通行业直接创造的增加值计算公式,可对高速公路建筑业直接创造的增加值进行测算。高速公路建筑业的总投入总产出即为当年度高速公路交通建设投资总额,2012 年高速公路建设完成投资为 7238.3 亿元。依据投入产出表所提供的数据,可测算出 2012 年高速公路建筑业 GDP 增值系数为 0.239653,并可测算出高速公路建筑业 GDP 增值系数和增加值结构中的 4 个分项,即劳动者报酬、生产税净额、固定资产折旧、营业盈余。测算结果见表 4-1。

2012 年高速公路建筑业直接创造的增加值 表 4-1

项目	增加值合计	劳动者报酬	生产税净额	固定资产折旧	营业盈余
增值系数	0.2396	0.1395	0.0344	0.0131	0.0526
增加值(亿元)	1734.6	1009.7	249.4	94.8	380.7

②高速公路运输业直接创造的增加值。

利用全国投入产出表，根据高速公路换算周转量与公路换算周转量，求出高速公路占道路运输的中间使用，进而求出高速公路运输业直接创造的增加值及四个分项劳动者报酬、生产税净额、固定资产折旧、营业盈余各自的增加值。高速公路运输业的增值系数大致稳定在 0.4017，说明高速公路运输业对 GDP 的贡献一直处于重要地位。测算结果见表 4-2。

2012 年高速公路运输业直接创造的增加值 表 4-2

项目	增加值合计	劳动者报酬	生产税净额	固定资产折旧	营业盈余
增值系数	0.4017	0.1840	0.009	0.0761	0.1326
增加值（亿元）	4561	2089	102	864	1506

③高速公路交通行业直接创造的增加值。

将表 4-1、表 4-2 所列数据合计，可得出 2012 年高速公路交通行业直接创造的增加值测算结果，见表 4-3。

2012 年高速公路交通行业直接创造的增加值 表 4-3

项目	增加值合计	劳动者报酬	生产税净额	固定资产折旧	营业盈余
增加值（亿元）	6295.6	3098.7	351.4	958.8	1886.7

（2）高速公路交通行业间接创造的增加值

根据前述分析，高速公路交通行业间接创造的增加值的测算方法如下：

$$E_\mathrm{p} = E_\mathrm{b} + E_\mathrm{f} + E_\mathrm{c} \tag{4-4}$$

式中：E_p——高速公路交通行业促进相关行业发展的贡献；

E_b——高速公路交通行业的后向波及作用；

E_f——高速公路交通行业的前向波及作用；

E_c——高速公路交通行业的消费波及作用。

①高速公路交通行业的后向波及作用。

高速公路交通行业的后向波及作用是指作为高速公路交通行业中间投入的产品的生产所创造的增加值。根据国民经济核算原理，该增加值的计算公式为：

$$E_\mathrm{b} = \sum b_j z_j X_j \tag{4-5}$$

式中：E_b——高速公路交通行业的后向波及作用；

b_j——高速公路交通行业对其后向波及部门产品的完全消耗系数；

z_j——高速公路交通行业后向波及部门的 GDP 增值系数;

X_j——计算期公路交通行业的总投入。

a. 高速公路建筑业的后向波及作用。

根据 2012 年投入产出表,计算高速公路建筑业对其后向波及部门产品的完全消耗系数(此处取建筑业的完全消耗系数为近似值),其完全消耗系数为 0.18101(农、林、牧、渔业)、0.40274(采矿业)、0.25711(制造业)、0.25929(电力、热力、燃气及水生产和供应业)、0.03161(建筑业)、0.23289(交通运输、仓储和邮政业)、0.13025(其他服务业)。测算出高速公路建筑业后向波及部门的 GDP 增值系数分别为:0.58553(农、林、牧、渔业)、0.48982(采矿业)、0.20401(制造业)、0.26183(电力、热力、燃气及水生产和供应业)、0.26552(建筑业)、0.37011(交通运输、仓储和邮政业)、0.56320(其他服务业,服务业除交通运输、仓储和邮政业,下同)。测算结果见表 4-4。

2012 年高速公路建筑业的后向波及作用(单位:亿元)　　表 4-4

部门	农、林、牧、渔业	采矿业	制造业	电力、热力、燃气及水生产和供应业	建筑业	交通运输、仓储和邮政业	其他服务业	合计
测算结果	767.18	1427.91	379.68	491.40	60.75	623.90	531.00	4281.82

b. 高速公路运输业的后向波及作用。

高速公路运输业对其后向波及部门产品的完全消耗系数分别为:0.06119(农、林、牧、渔业)、0.11966(采矿业)、0.07427(制造业)、0.10413(电力、热力、燃气及水生产和供应业)、0.00536(建筑业)、0.21468(交通运输、仓储和邮政业)、0.06222(其他服务业)。高速公路运输业后向波及部门的 GDP 增值系数同高速公路建筑业后向波及部门的 GDP 增值系数。测算结果见表 4-5。

2012 年高速公路运输业的后向波及作用(单位:亿元)　　表 4-5

部门	农、林、牧、渔业	采矿业	制造业	电力、热力、燃气及水生产和供应业	建筑业	交通运输、仓储和邮政业	其他服务业	合计
测算结果	406.85	665.56	172.06	309.61	16.17	902.29	397.95	2870.49

c. 高速公路交通行业的后向波及作用。

将表 4-4、表 4-5 所列数据合计,可得出 2012 年高速公路交通行业后向波及作用测算结果,见表 4-6。

2012 年高速公路交通行业后向波及作用(单位:亿元)　　　　表 4-6

部门	农、林、牧、渔业	采矿业	制造业	电力、热力、燃气及水生产和供应业	建筑业	交通运输、仓储和邮政业	其他服务业	合计
测算结果	1174.03	2093.47	551.73	801.01	76.92	1526.19	928.95	7152.30

②高速公路交通行业的前向波及作用。

高速公路交通行业的前向波及作用是指以高速公路交通行业产品为中间投入的生产所创造的增加值。若高速公路交通行业总产出增加能够促进相关部门扩大生产、增加产出,且各部门按既往比例协调发展,即各部门所需交通行业产品作为中间投入的比例与以前相同,则根据国民经济核算原理,各部门生产所创造的增加值为:

$$E_\mathrm{f} = \sum z_j \frac{h_{ij}}{a_{ij}} X_i \tag{4-6}$$

式中:E_f——高速公路交通行业的前向波及作用;

　　z_j——高速公路交通行业前向波及部门的 GDP 增值系数;

　　h_{ij}——高速公路交通行业前向波及部门对高速公路交通行业产品的分配系数;

　　a_{ij}——高速公路交通行业前向波及部门对高速公路交通行业产品的直接消耗系数;

　　X_i——高速公路交通行业总产出。

a. 高速公路建筑业的前向波及作用。

根据 2012 年投入产出表,可测算出高速公路建筑业前向波及部门对高速公路建筑业产品的分配系数分别为:0.01156(农、林、牧、渔业)、0.01034(采矿业)、0.08254(制造业)、0.03545(电力、热力、燃气及水生产和供应业)、0.02690(建筑业)、0.06668(交通运输、仓储和邮政业)、0.03982(其他服务业)。直接消耗系数分别为:0.01222(农、林、牧、渔业)、0.01515(采矿业)、0.09074(制造业)、0.03547(电力、热力、燃气及水生产和供应业)、0.02695(建筑业)、0.07020(交通运输、仓储和邮政业)、0.04057(其他服务业)。测算结果见表 4-7。

2012 年高速公路建筑业的前向波及作用(单位:亿元)　　　　表 4-7

部门	农、林、牧、渔业	采矿业	制造业	电力、热力、燃气及水生产和供应业	建筑业	交通运输、仓储和邮政业	其他服务业	合计
测算结果	4008.77	2420.92	1343.30	1894.42	1918.75	2544.83	4001.62	18132.61

b. 高速公路运输业的前向波及作用。

高速公路运输业前向波及部门的 GDP 增值系数同高速公路建筑业前向波及部门的 GDP 增值系数。高速公路运输业前向波及部门对高速公路运输业产品的分配系数分别为：0.01156（农、林、牧、渔业）、0.01034（采矿业）、0.08254（制造业）、0.03545（电力、热力、燃气及水生产和供应业）、0.02690（建筑业）、0.06668（交通运输、仓储和邮政业）、0.03982（其他服务业）。直接消耗系数分别为：0.01222（农、林、牧、渔业）、0.01515（采矿业）、0.09074（制造业）、0.03547（电力、热力、燃气及水生产和供应业）、0.02695（建筑业）、0.07020（交通运输、仓储和邮政业）、0.04057（其他服务业）。测算结果见表 4-8。

2012 年高速公路运输业的前向波及作用（单位：亿元） 表 4-8

部门	农、林、牧、渔业	采矿业	制造业	电力、热力、燃气及水生产和供应业	建筑业	交通运输、仓储和邮政业	其他服务业	合计
测算结果	6289.11	3798.02	2107.42	2972.03	3010.21	3992.42	6277.89	28447.10

c. 高速公路交通行业的前向波及作用。

将表 4-7、表 4-8 所列数据合计，可得出 2012 年高速公路交通行业前向波及作用测算结果，见表 4-9。

2012 年高速公路交通行业的前向波及作用（单位：亿元） 表 4-9

部门	农、林、牧、渔业	采矿业	制造业	电力、热力、燃气及水生产和供应业	建筑业	交通运输、仓储和邮政业	其他服务业	合计
测算结果	10297.88	6218.94	3450.72	4866.45	4928.96	6537.26	10279.51	46579.72

③ 高速公路交通行业的消费波及作用。

高速公路交通行业的消费波及作用是指上述高速公路交通行业直接创造的增加值、后向波及作用所创造的增加值和前向波及作用所创造的增加值等形成的国民收入，通过分配与使用而再次引起的国民收入增量，见表 4-10。根据乘数理论，其计算公式为：

$$E_c = \frac{b}{1-b}(E_d + E_b + E_f) \tag{4-7}$$

式中：E_c——高速公路交通行业发展所引起的消费波及作用；

b——边际消费倾向；

E_d——高速公路交通行业直接创造的增加值；

E_b——高速公路交通行业的后向波及作用；

E_f——高速公路交通行业的前向波及作用。

2012年高速公路交通行业的消费波及作用（单位：亿元）　　表4-10

项目	直接创造增加值	间接作用	消费波及作用
高速公路建筑业	1734.69	22414.41	24149.10
高速公路运输业	4561.8356	31317.61	35879.4456
高速公路交通行业	6296.5256	53732.02	60028.5456

4.2.3 高速公路建设对国民经济增长的贡献衡量

高速公路交通建设对国民经济增长的贡献一般通过以下两个指标来衡量，这个指标之间存在一定的内在联系。

(1) 高速公路交通行业对GDP的贡献

高速公路交通行业对GDP的贡献，是指高速公路交通行业直接和间接创造的增加值总量。其计算公式为：

$$高速公路对GDP的贡献 = 直接创造的增加值 + 后向波及作用 + 前向波及作用 + 消费波及作用$$

(2) 高速公路交通行业对GDP的贡献率

高速公路交通行业对GDP的贡献率，是指高速公路交通行业对GDP的贡献占GDP的份额。其计算公式为：

$$高速公路对GDP的贡献率 = 高速公路对GDP的贡献/GDP$$

(3) 高速公路交通行业对GDP增长的贡献率

高速公路交通行业对GDP增长的贡献率，是指高速公路交通行业对GDP贡献的增长所引起的GDP的增长率。

将上文相关各表数据汇总，可得到高速公路交通行业对GDP的贡献总量状况，见表4-11。

高速公路对GDP的贡献总量汇总表（单位：亿元）　　表4-11

项目	直接创造增加值	后向波及作用	前向波及作用	消费波及作用	贡献合计	占当年GDP比重
高速公路建筑业	1735	4281.8	18132.6	1734.7	25884.1	4.8%
高速公路运输业	4562	2870.5	28447.1	4561.8	40441.4	7.5%
高速公路交通行业	6297	7152.3	46579.7	6296.5	66325.5	12.3%

汇总结果表明,2012 年高速公路交通行业对 GDP 的贡献为 66325.5 亿元,对 GDP 的贡献率为 12.3%。随着高速公路建设投资的增加,高速公路建设对 GDP 的贡献作用越来越大。

4.3 对产业发展的影响评价

高速公路的建设,拉近了各个城市之间的时空距离,也加强了各个产业之间的联系。利用全国投入产出表,根据高速公路换算周转量与公路换算周转量,求出高速公路占道路运输的中间使用,进而求出高速公路运输对其他部门的直接消耗系数,选取直接消耗系数最大的五个部门,可以认为高速公路运输对仓储、燃气生产和供应、装卸搬运和运输代理、精炼石油和核燃料加工品以及管道运输这五个部门影响最大。

换算周转量是反映运输部门客货运输总周转量的综合指标。用换算系数将旅客周转量换算成吨公里后,再与货物周转量相加求得。

$$换算周转量 = 货物周转量 + (旅客周转量 \times 客货换算系数) \quad (4-8)$$

$$高速公路所占中间使用 = 道路运输所占中间使用 \times \frac{高速公路换算周转量}{公路运输换算周转量} \quad (4-9)$$

高速公路对重点产业直接消耗系数见表 4-12。

高速公路对重点产业直接消耗系数表　　表 4-12

部门	仓储	燃气生产和供应	装卸搬运和运输代理	精炼石油和核燃料加工品	管道运输
直接消耗系数	0.313118	0.2092170	0.207576	0.1343061	0.1208523

(1) 仓储

仓储业是现代化大生产和国际、国内商品货物的流转中一个不可或缺的环节,其作用包括输送、保管、配送、理货,发展的趋势是连接销售。在输送和配送阶段中,高速公路运输相对于其他运输方式,具有更高的灵活性,可以实现"门"到"门"的运输,并且公路货运与铁路、水路、航空运输方式相比,所需固定设施简单,车辆购置费用一般也比较低,因此,投资兴办容易,投资回收期短。此外,与火车驾驶员或飞机驾驶员的培训要求相比,汽车驾驶技术比较容易掌握,对驾驶员的各方面素质要求相对也比较低。高速公路的建设还能有效降低沿线地区企业仓储物流成本,提高经济运行效率。众所周知,仓储行业的发展已经成为现代经济发展的一个关键因素,如果成本过高,必将成为经济发展的瓶颈。在内河航运和铁路运输欠发达的情况下,只有加大高速公路的建设力度,才能降低仓储成本,加快地方经济发展速度。

(2)燃气生产和供应

2018年,我国汽车保有量达到了3.27亿辆,燃气作为汽车的最重要的燃料来源,与高速公路发展关系密切。汽车数量的增多会导致燃料的巨大消耗以及高速公路路面磨损,增加道路修建与维护费用。

(3)装卸搬运和运输代理

随着物流业仓储业的快速发展,运输需求增加,提高了对交通基础设施的要求,高速公路作为最灵活普及的交通方式,其运输量占据了公路运输的41.8%。高速公路的发展促进了运输行业的进步,而运输行业的发展又反过来促进了高速公路道路的修建与改进,两者相互促进、共同发展。

(4)精炼石油和核燃料加工品

高速公路的建设能有效促进沿线工业的发展。高速公路网为城市间的往来带来了方便,加强了地区之间的联系,利用高速公路的交通优势,可以加强各类工业园区建设,调整生产力布局,促进产业结构的调整和产业内部的升级。而石油燃料部门与内燃机车的燃料息息相关,铁路运输与高速公路运输又都是我国运输方式的重要组成部分。高速公路运输的变化必然会引起石油燃料产品部门的变化。

精炼石油和核燃料加工品的运输也与高速公路关系密切。高速公路运输作为货物运输的主要运输方式之一,精炼石油和核燃料加工品的运输也有很大一部分是由高速公路完成的。

此外,精炼石油还是高速公路路面混凝土材料的原材料。其中石油沥青就是原油蒸馏后的残渣。因此,高速公路修建的巨大工程会影响石油产品的发展。

(5)管道运输

管道运输和高速公路运输都是货物运输的重要方式之一,两者互为替代商品。

4.4 对就业的影响评价

高速公路建设对就业的影响体现在两个方面:一是高速公路建设为社会直接提供就业机会;二是高速公路建设和运营通过对产业结构的影响进而影响社会就业结构。

4.4.1 提供就业机会

高速公路建设对就业的影响主要表现在通过高速公路建设创造就业机会,同时通过带动其他产业部门发展提供就业机会。据统计,每亿元公路投资需投入 45 万个人工日,也就是近 2000 个公路建筑业的就业机会;而为公路建设直接和间接提供产品的各部门提供的就业机会是公路建筑业的 2.43 倍。换而言之,每亿元公路建设投资能够直接和间接地为社会提供 6860 个就业机会。此外,高速公路的快速发展,还能带动交通运输、汽车制造等相关行业的产业结构调整,从而促进经济发展,进而带来更多的就业机会。

图 4-2 为 2012—2017 年高速公路线路长度与运输业就业人数的折线图,从图中可以看出,近几年高速公路的线路长度稳步增长,高速公路运输业就业人数在 2013 年迅速增长后一直处于稳定状态,可以看出其吸纳就业的能力仍是比较大的。

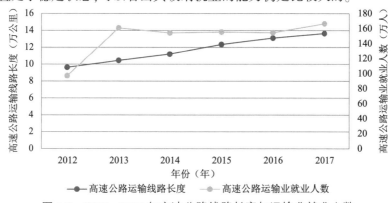

图 4-2　2012—2017 年高速公路线路长度与运输业就业人数

2012—2017 年高速公路运输业的就业比重快速增大并趋于稳定,说明高速公路运输业对就业的贡献一直处于重要地位,见表 4-13。

高速公路运输业对就业的贡献　　　　表 4-13

年份（年）	高速公路运输业就业人数（万人）	总就业人数（万人）	高速公路运输业就业人数所占比例
2012	97.1587	76704	0.13%
2013	160.8550	76977	0.21%
2014	154.2157	77253	0.20%
2015	155.4265	77451	0.20%
2016	154.4746	77603	0.20%
2017	166.4655	77640	0.21%

4.4.2 就业结构

高速公路建设对产业结构带来影响,产业结构的改变将对社会就业结构产生影响。高速公路建设和运营的扩大能够为第二、三产业提供更多的就业机会,同时减少第一产业的就业人数,使其向第二、三产业转移。近几年,第二产业、第三产业就业人数的比例逐年上升,其中高速公路建筑业的就业人数占第二产业就业人数的比例从6.2%上升到8.5%,高速公路建筑业对第二产业的就业起到了一定的推动作用。高速公路运输业占第三产业就业人数的比重虽然不高,但对其影响也较大,促进了第三产业发展。高速公路就业结构分布见表4-14。

高速公路就业结构分布表 表4-14

年份(年)	高速公路建筑业就业人数(万人)	第二产业就业人数(万人)	高速公路建筑业就业人数占第二产业就业人数比例	高速公路运输业就业人数(万人)	第三产业就业人数(万人)	高速公路运输业就业人数占第三产业就业人数比例
2012	1447.66	23241	6.23%	97.1587	27690	0.35%
2013	1459.552	23170	6.30%	160.855	29636	0.54%
2014	1563.624	23099	6.77%	154.2157	31364	0.49%
2015	1589.994	22693	7.01%	155.4265	32839	0.47%
2016	1647.064	22350	7.37%	154.4746	33757	0.46%
2017	1851.572	21824	8.48%	166.4655	34872	0.48%

4.5 评价结论

高速公路经过30年的发展,在稳定经济增长、优化产业布局、推动区域开发等方面发挥了基础性、先导性作用。

4.5.1 稳定经济增长

高速公路对投资有直接的拉动作用。改革开放以来,投资作为拉动经济发展的"三驾马车"之一,对稳定经济增长发挥着关键作用。高速公路是国家重要的基础设施系统,高速公路投资是全社会固定资产投资的重要组成。尤其是1998年和2008年,为应对两次金融危机,国务院作出加快基础设施建设、扩大内需的重要决策,加大了高速公路基础设施投资,当年高速公路建设对国内生产总值的贡献率达到4%、5.6%,分别是上一年的2.7倍和1.9倍,对扭转经济增速回落趋势发挥重要作用。2014年,中国经济发展进入新常态,经济稳增长任务艰巨。2014—2017年,高速公路累计完成投资33261万亿元,占全社会固定资产投资的1.4%,有效支撑了经济的平稳发展。

高速公路创造了良好的产业投资环境。中国高速公路网络覆盖了所有大中城市和重要城镇,大大改善了交通运输条件,促进了全国市场的统一,提升了国家竞争力,为吸引外商投资奠定了良好基础。30年来,中国资源要素的国际比较优势充分体现,大量外资企业进入中国投资建厂,中国利用外资额不断攀升,直接利用外商投资从1988年的31.9亿美元增长至2017年的1310.4亿美元,增长了40倍。同时,京津塘高速公路是中国第一个成功利用外资贷款修建的基础设施项目,为其他项目利用外资提供了宝贵经验。

4.5.2 优化产业布局

高速公路促进了产业结构优化和上下游产业发展。交通运输是连接生产与消费的纽带,高速公路作为一种快速、安全、舒适、经济、便捷的运输方式,提升了生产要素的流通效率,缩短了生产与流通、生产与消费的周期,带动了制造业、物流业、旅游业、房地产业等第二、第三产业的发展,为我国产业结构的优化提供了支撑。30年来,我国产业结构由1988年的25.7∶43.8∶30.5,调整为2022年的7.3∶39.9∶52.8。高速公路大大提升了中国交通出行的可达性、便利性、舒适性,极大地刺激了居民自主化、个性化出行需求,促进了汽车工业等重点产业的快速发展。

高速公路对沿线产业具有很强的集聚效应。依托高速公路快捷高效的集疏运条件,地区和城市之间经济、技术、市场信息传递更加及时,众多企业、园区以高速公路为轴线进行布局,在高速公路沿线集聚形成一批高新技术产业带、重化工业产业带、能源产业带,成为支撑区域经济发展的增长极。以长江经济带为例,高速公路与长江航运、铁路、民航有效衔接,推动了长江经济带综合立体交通走廊的建设,联通了长江经济带90%以上的国家级农业示范区、经济开发区、转型升级示范区以及5A级景区,大大促进了产业的融合发展。

4.5.3 推动区域开发

高速公路促进了区域协调发展。作为跨区域、高速度、大流量的运输方式,高速公路

30年的发展,改变了中国社会传统时空观念,拉近了区域间的时空距离,加快了资源、劳动力等要素的流动,为发达地区、中等发达地区和欠发达地区各自优势特点的发挥创造了有利条件,促进了"四大板块"协调发展。目前,东部地区高速公路骨架网已经形成,长三角、珠三角、环渤海等城市密集区形成便捷连通的城际高速公路网络,推动城市群一体化发展,支撑东部地区率先实现现代化。中部地区通过强化纵贯南北、承东启西、连通各大经济区的主通道建设,基本建成比较完善的高速公路网络,成为中部崛起的脊梁。西部地区高速公路覆盖面不断扩大,通达深度不断拓展,连通东中部的运输通道基本形成,有力促进了西部大开发的进程。东北地区高速公路路网密度不断提升,打通了东北地区与东部地区的连接通道,打破了历史上关内与关外的地域分割,推动了东北地区经济开放发展。

高速公路促进了新型城镇化发展。高速公路将区域内大中城市紧密联系起来,进一步增强了中心城市的经济辐射作用,提升了区域内大城市的凝聚力,增强了区域内土地开发强度,推动形成了京津冀、长三角、珠三角以及长株潭、成渝等一系列大型一体化城市群,促进了城市群规模化、集约化发展。2018年,首都地区环线高速公路的实现贯通,标志着"多中心、网格状"高速公路网基本形成,对京津冀一体化进程和雄安新区发展起到了巨大推动作用。高速公路对城市功能布局有很强的引导作用。高速公路连接大城市与沿线小城镇,促进大城市功能疏解和卫星城市、小城镇资源的开发利用,加快了沿线新型城镇化的发展进程。

高速公路促进了乡村振兴。高速公路为促进农村产业发展和经济增长提供了保障,对优化农村产业布局、支撑农业农村现代化建设等发挥着重要作用。高速公路将农村地区的农业园区、矿产资源、旅游景点等与外界有效串联起来,盘活了农村发展资源,促进乡村旅游、特色加工、资源开发、绿色生态等产业落地,引导农业与其他产业的融合发展,建立了现代农村产业体系,为农业农村发展提供了新动能。高速公路鲜活农产品"绿色通道"的开通,推动形成了高效经济的农产品、农副产品物流体系,满足了现代经济社会对鲜活农产品时效和品质的要求,促进传统供应链体系模式变革,大大提升现代农业体系运行效率。高速公路加强了城乡之间的交流,为农民享有更好的教育、卫生、医疗、快递等服务创造更加有利条件,提升了农村地区的宜居程度。

5 高速公路建设对社会发展的影响评价

5.1 高速公路对社会发展影响机理分析

交通运输系统作为影响人民生活质量的重要基础设施,其发展状况与人民生活质量水平有着相辅相成的依存关系。高速公路是社会经济发展到一定阶段之后,为满足人民更高生活品质需求的产物,而建立在高速运输系统之上的高速经济体系又必然反过来对人民生活水平产生重要的影响,特别是对相关区域范围内的人民生活水平产生十分明显的提升作用。高速公路及其所形成的高速运输系统,对人民生活水平会产生下述影响效应。

5.1.1 空间影响效应

高速公路运营使地域之间的时间距离骤然变小,人流、物流的有效空间范围扩大,由此使得市场边界得以拓展,不仅增大了点域的经济辐射力和吸引力,而且大大扩展了人们的生活空间和活动范围。

5.1.2 时间影响效应

高速运输系统减少了人和物的在途时间,方便、快捷、高效的传递通道和运营方式,使得大量原材料及备品储存量减少,时间节约是社会资源的最大节约,社会生产率大大提高。

5.1.3 市场影响效应

高速公路不仅拓展了当地产品的市场辐射边界,调整和丰富了输出的商品结构,为易损、易碎、鲜活的商品外运提供了有效保障。同时也敞开了自身的市场门户,丰富活跃了本地市场,加剧了本地市场的竞争,使建立在原有运输系统下的市场障碍被清除,在外来商品的冲击下,本地商品的市场竞争将面临新的挑战,降低了商品零售价格。

5.1.4 聚集影响效应

高速公路的建成运行改变了区域范围内的投资环境,从而引起各种生产要素在空间某点域内的集聚。这种生产要素在空间组合所产生的乘数效应,又更进一步加快了集聚进程,从而形成了空间区域内的产业、生活区密集分布格局,产生了大量的人力需求,促进了城镇化发展,并对人均收入产生影响。

5.2 高速公路对出行便捷性的影响评价

5.2.1 时间成本的节约

高速公路建设对时间成本的节约效益主要包括货物在途时间节约的效益和客运时间节约的效益两个方面。其中,货运时间节约的效益主要体现在缩短货物在途时间,可提升单位时间内的货物运输能力,还可以加速货物所占用资金的周转,减少流动资金需要量。客运时间的节约效益是指客运时间的节约使乘客有可能为社会创造更多的经济效益。高速公路建设对时间成本的节约效益可以由出行时间变化量来评价。

时间节约的效益指的是由于旅客在相关区间出行所需要的时间减少,从而旅客可以将这部分时间加以利用,可能获得的效益;以及货物运输所需的时间减少,从而缩短货物在途时间,可能获得的效益。

依据《公路工程技术标准》(JTG B01—2014)设定的各技术等级公路的设计速度(表5-1),车辆在高速公路上行驶的平均速度高于普通公路,因此,相同距离的路程在高速公路上行驶所耗费的时间低于普通公路。

中国公路设计速度 表5-1

技术等级	高速公路	一级公路	二级公路	三级公路	四级公路
设计速度（公里/小时）	80~120	60~100	60~80	30~40	20~30

时间节约的效益可用如下公式计算:

$$W_t = \frac{\frac{Q_i}{V_p} - \frac{Q_i}{V_g}}{R_m} = \frac{Q_i(V_g - V_p)}{V_p V_g R_m} \tag{5-1}$$

式中:W_t——出行时间变化量;

Q_i——某年高速公路客货运周转量;

V_p——普通公路设计时速;

V_g——高速公路设计时速;

R_m——客货运量。

2016年全国高速公路实现货物周转量24708.91亿吨公里,旅客周转量15472.66亿人公里;客运量205.55亿人次,货运量147.79亿吨。根据计算公式,分析各技术等级公路实现 2016 年高速公路完成的运输周转量所需时间,高速公路完成货运周转量所需总时长与一级、二级、三级、四级公路相比,分别节约时间成本约为 61.77 亿吨小时、164.73 亿吨小时、301.99 亿吨小时、576.54 亿吨小时,高速公路与一级、二级、三级、四级公路相比,平均每吨货物节约时间约为 0.42 小时、1.12 小时、2.05 小时、3.90 小时;高速公路完成旅客周转量所需总时长与一级、二级、三级、四级公路相比,分别节约时间成本约为 38.68 亿人小时、103.15 亿人小时、189.11 亿人小时、361.03 亿人小时,高速公路与一级、二级、三级、四级公路相比,平均每人次节约时间约为 0.19 小时、0.5 小时、0.92 小时、1.01 小时,具体分析见表 5-2、表 5-3。

各等级公路实现 2016 年高速公路货运周转量用时分析表　　表 5-2

技术等级	高速公路	一级公路	二级公路	三级公路	四级公路
所需总时间(亿吨小时)	247.09	308.86	411.82	549.09	823.63
总用时差(亿吨小时)	—	61.77	164.73	301.99	576.54
每吨货物平均用时(小时)	1.67	2.09	2.79	3.72	5.57
单位用时差(小时)	—	0.42	1.12	2.05	3.90

各等级公路实现 2016 年高速公路旅客周转量用时分析表　　表 5-3

技术等级	高速公路	一级公路	二级公路	三级公路	四级公路
完成客运所需总时间(亿人小时)	154.73	193.41	257.88	343.84	515.76
总用时差(亿人小时)	—	38.68	103.15	189.11	361.03
每人次平均用时(小时)	0.75	0.94	1.25	1.67	1.76
单位用时差(小时)	—	0.19	0.50	0.92	1.01

高速公路的便捷,给人们带来了时间成本的节约。根据人们对时间节约的不同处理,时间节约对社会整体的效益分为直接经济效益、间接经济效益和文化效益两部分。

(1)直接经济效益

如果劳动者将节约的时间用于生产活动,则会为社会多创造一部分价值,这部分体现为时间节约为社会整体创造的直接经济效益。

(2)间接经济效益和文化效益

如果劳动者不将节约的时间用于生产活动,则会增加闲暇时间,有更多的时间进行自我发展,或者用于学习科学知识,提高文化素养,为社会整体带来间接经济效益;或者用于休闲娱乐运动,增强身体素质,推动社会精神文明建设。

时间节约的宏观效益分析如图 5-1 所示。

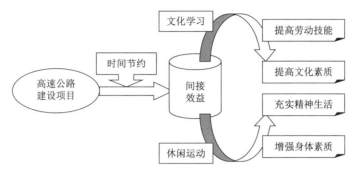

图 5-1　时间节约的宏观效益分析图

5.2.2　城市可达性的提升

截至 2022 年底,我国高速公路通车里程达到 17.3 万公里,位居世界第一。高速公路连接了我国所有地级市以上城市,并已覆盖约 99% 的城镇人口 20 万以上城市,已经成为提高区域交通可达性、促进经济发展、缩小区域差距的重要发展战略。高速公路网的形成,也为城乡居民个性化出行的需求提供了更多选择,使人们出行的机动性、随意性及自由度大幅提高。

可达性为利用特定交通系统从某一区位到达特定区位的便捷程度。高速公路主要是缩短节点间的交通时间但非改变物理距离,因此,本书采用最短时间距离模型来评价可达性。

时间距离是根据公路级别属性来设定速度并计算,但实际行驶过程中的一些不确定因素,如不同路段限速存在差异,不同类型公路与城市内部道路接驳条件不同影响旅行时间等;公路运输特征也会对可达性造成影响。因此,本书采用百度地图大数据技术建立"高速公路"和"非高速公路"对照组,选取我国 288 个地级市以上城市作为高速公路网络节点,并修正加权平均旅行时间模型,评价高速公路网络对我国城市可达性的影响。

(1)评价模型建立

最短旅行时间。利用百度地图抓取高速公路和非高速最短旅行时间,数值越大,可达性越差。

加权平均旅行时间。由于城市经济社会人口等方面的发展程度影响着城市之间的相关联系,因此可达性不仅与城市的区位、交通基础设施发展水平有关,还与城市的经济、人口、客货运量等特征息息相关。加权平均旅行时间这一指标能够融合城市规模和经济发展

水平对可达性的影响,很好地反映节点的可达性水平。加权平均旅行时间的计算公式为:

$$A_i = \frac{\sum_{j=1}^{n}(T_{ij} \cdot M_j)}{\sum_{j=1}^{n} M_j} \tag{5-2}$$

式中:A_i——节点城市 i 的加权平均旅行时间,其值越小,表示可达性越好;

T_{ij}——节点 i 到节点 j 的最短旅行时间;

M_j——节点 j 的社会发展水平,通常采用人口规模或 GDP 度量。但公路网络可达性格局也深受公路运输特征的影响,单一的人口规模或 GDP 指标难以说明城市对于公路网络可达性的实际影响,而客货运量一方面表征城市通过公路网络对外联系的人流和物流量,另一方面影响城市配套的基础设施建设、运营管理水平等,进而影响进入城市内部之后通达性的水平,因此,本书引入客货运量对模型进行修正,计算方法为:

$$M_j = \frac{P_a F_t}{P_j G_j} \tag{5-3}$$

式中:P_a——城市 j 的客运量;

F_t——城市 j 的货运量;

P_j——城市 j 的人口数;

G_j——城市 j 的 GDP;

M_j——城市公路流密度。

可达性系数。可达性系数是指网络中某节点的可达性值与所有节点可达性平均值之比,能够对加权平均旅行时间进行统一化处理,可以很好地反映节点在整个网络中可达性的相对水平。计算公式为:

$$A_i = \frac{A_i}{\sum_{i=1}^{n} A_i / n} \tag{5-4}$$

可达性系数越小,可达性越好。可达性系数大于 1 表示该点可达性水平低于平均水平,反之亦然。

(2)评价数据处理

选取 288 个地级市及以上城市作为高速公路网络的节点,从百度地图抓取高速公路网络相关数据,数据包括每两个地级市及以上城市之间的最短高速公路距离、最短非高速公路距离、最短高速公路交通时间、最短非高速公路交通时间。其中,不走高速公路的状态默认按照国道、省道、县道的顺序选择最优通行路径。所选节点城市的人口、GDP、客运量和货运量的统计数据来源于《中国城市统计年鉴》。

结果显示中国 288 个地级市及以上城市之间的高速公路平均最短交通时间为 17.88 小时,而其他等级公路的最短行驶时间平均约为 33.51 小时,相比共缩短约 15.6 小时,两地级市间最长高速公路交通时间为呼伦贝尔市至阿图什市 65 小时,最长非高速公路交通时间为阿图什市至三亚市 117 小时。城市间高速公路行驶最短距离平均为 1547.75 公里,而其他等级公路最短行驶距离平均约为 1608.54 公里,相比共缩短约 60.79 公里。具体评价测算值见表 5-4。

交通时间和交通距离的测算情况分析 表 5-4

数据名称	平均值	相差值
城市间最短高速公路交通时间(小时)	17.88	15.6
城市间最短非高速公路交通时间(小时)	33.51	
城市间最短高速公路交通距离(公里)	1547.75	60.79
城市间最短非高速公路交通距离(公里)	1608.54	

利用加权平均旅行时间公式对我国 288 个地级市及以上城市的非高速和高速加权平均旅行时间进行计算。通过对比非高速公路网络和高速公路网络下的可达性总体特点、空间格局等特征,分析高速公路对可达性的影响。

非高速公路网络可达性。根据加权平均旅行时间公式计算得到非高速网络的可达性结果。非高速公路网络的可达性总值为 10370 小时,平均值为 36.01 小时,标准差为 8.46,最高值为 80.95 小时,最低值为 26.47 小时,最高值是最低值的 3.06 倍。

高速公路网络可达性。针对高速公路网络情况下进行加权平均旅行时间计算,高速公路网络的可达性总值为 5487 小时,平均值为 19.05 小时,与非高速网络可达性相比减少 47.08%,标准差为 5.03,最高值为 45.21 小时,最低值为 13.64 小时,最高值是最低值的 3.31 倍。

(3)高速公路对城市可达性的效应分析

根据加权平均旅行时间对高速公路和非高速公路情况下我国的区域可达性进行分析,为了更好地从书里统计角度对高速公路效应进行分析,本书从时间压缩效应、可达性变化率和可达性系数变化情况来进一步分析高速公路效益。

①时间压缩效应。

非高速公路网络中 288 个地级市及以上城市之间的总里程为 13342 万公里,平均旅行里程为 46.33 万公里;高速公路网络下城市之间相互通行的总里程为 12838 万公里,平均旅行旅程为 44.58 万公里,减少 3.78%,高速公路网络的建设并未大幅度减少城市之间的空间距离。但是从时间效益角度来分析,高速公路网络大幅度减少了城市之间的时间距离,通行总时间从 278 万小时缩减到了 148 万小时,平均旅行时间从 9651 小时压缩到了 5151 小时,压缩效应达 46.76%,见表 5-5。

表 5-5 非高速公路与高速公路网络时空压缩效应分析

项目	非高速公路	高速公路	压缩效应
通行总里程(万公里)	13342	12838	3.78%
平均旅行旅程(万公里)	46.33	44.58	
通行总时间(万小时)	278	148	46.76%
平均最短旅行时间(小时)	9651	5151	

②可达性变化率。

从全国层面来看,非高速公路网络下 288 个地级市及以上城市之间通行的加权平均旅行时间总和为 10370 小时,平均值为 36.01 小时,而高速公路网络下加权平均旅行时间总和为 5487 小时,平均值为 19.05 小时,提升 0.89 倍。可达性值小于 26.47 小时(非高速公路网络中可达性最低值)的城市达到 263 个,极大地提升了公路网络的通行效率。

③可达性系数。

根据可达性系数公式计算出 288 个地级市及以上城市的可达性系数。在非高速公路网络中,有 181 个城市可达性系数小于 1,107 个城市可达性系数大于 1,整个网络中有 62.85% 的城市可达性水平超过平均值;在高速公路网络中,有 185 个城市可达性系数小于 1,占整个网络中城市的 64.24%,103 个城市可达性系数小于 1,变化幅度较小。

利用加权平均旅行时间及可达性系数公式,对比非高速公路网络和高速公路网络下的地级市及以上城市的可达性格局及特征,研究高速公路对城市可达性的影响。

总体评价如下:一是高速公路空间压缩效应显著。高速公路网络大幅度减少了城市之间通行的时间距离,通行总时间从 278 万小时缩减到 148 万小时,平均旅行时间从 9651 小时压缩到 5151 小时,压缩效应达 46.76%。二是高速公路对可达性影响显著。288 个城市之间的加权平均旅行时间平均值从 36.01 小时提升到了 19.05 小时,提升 0.89 倍。

5.3 高速公路对交通安全的影响评价

5.3.1 高速公路交通事故数占比

高速公路交通事故数占比指高速公路交通事故数与道路交通事故总数的比值。

算例:2016 年,高速公路共发生交通事故 8934 起,道路交通共发生交通事故 212846 起,高速公路交通事故数占道路交通事故总数的比例为 4.20%。

5.3.2 高速公路交通事故环比发展率

高速公路交通事故环比发展率指高速公路当期事故数与以往同期事故数的比值。

算例:2014 年和 2015 年,发生在高速公路上的事故数分别为 8531 起和 8252 起,高速公路交通事故环比发展率为 96.73%。

5.3.3 高速公路与普通干线公路事故率相对值

高速公路与普通干线公路事故率相对值指高速公路事故率与普通干线公路事故率的比值。

算例:2016 年,发生在普通干线公路上的交通事故为 19202 起,普通干线公路年平均行驶里程为 424.75 亿车公里,发生在高速公路上的交通事故为 8924 起,高速公路年平均行驶里程为 9270.56 亿车公里,高速公路与普通干线公路事故率分别为 0.96 起/亿车公里、45.2 起/亿车公里,高速公路与普通干线公路事故率相对值为 0.02。

5.3.4 高速公路与普通干线公路事故死亡率相对值

高速公路事故死亡率与普通干线公路事故死亡率的比值。算例参考高速公路与普通干线公路事故率相对值的计算过程。

5.4 高速公路对应急保障的影响评价

高速公路在救灾抗灾、应对突发事件中作用突出。通过不断强化应急体系建设、完善高速公路应急预案、加强技术装备创新和跨部门协作,高速公路安全保障服务能力、防震减灾水平和应急处置能力可持续提高。在重大突发事件和地质灾害应急救援当中,高速公路都可充当"生命线"的角色。

在 1998 年特大洪水、2008 年汶川地震、2017 年茂县重大山体滑坡等灾害中,高速公路将大量的救援人员和物资运往灾区,挽救了无数人的生命,为灾区带去了希望和信心。

在合宁高速公路计划通车的 1991 年春夏之交,江淮流域提前一个月进入梅雨期。从 5 月下旬至 7 月中旬,这一地区连降暴雨,强度大、时间长,安徽的合肥、全椒,江苏的常州、兴化等局部地区 30 天的降雨量接近或超过百年一遇。在受灾较严重的安徽省,通往省会合肥的所有公路、铁路交通全部中断。合肥骆岗机场虽因地势较高没有被淹没，但由于通往外界的道路全部中断也无法使用，合肥市成为"孤岛"，数百万群众被洪水围困。而当时基本建成、尚未达到正式通车条件的合宁高速公路合肥至全椒段，因为在建设期间按高速公路标准，采用百年一遇的洪水水位设计建设，在水灾中未被淹没，合宁高速公路成为合肥市通往外界的唯一通道。据不完全统计，在抗洪抢险最为关键的十多天里，通过该路向灾区运送了30多万吨紧急救灾物资，运送抢险人员、疏散灾民及被困旅客共25万人次。

2008年5月12日，以四川汶川为中心发生了里氏8级地震，造成巨大的财产损失和人员伤亡，陕西、甘肃南部以及重庆等地受地震波及，也造成了严重损失。在大地震中，地处灾区的成灌、西汉、成渝等高速公路，虽也遭受损失，但在地震当天就由当地公路部门组织抢险，成为最快恢复交通的救灾通道，在地震当天成都、重庆两地机场难以启用的情况下，一批批救灾物资通过高速公路快速运抵灾区，为抗震救灾赢得了宝贵的时间。此后发生的青海玉树地震、甘肃舟曲泥石流灾害，高速公路都成为重要的救灾运输通道。同时，进入21世纪后，以高速公路为主的公路网在春运、旅游黄金周运输以及煤电油等经济物资抢运工作中，都作出了突出贡献，充分发挥了"兜底"作用，在危难中更加凸显出公路运输的支撑性、基础性作用。

2017年6月24日，四川省阿坝藏族羌族自治州茂县突发山体高位垮塌，造成100余人失联。灾情发生后，交通运输部立即启动Ⅱ级响应，调集大型设备投入抢通保通，在灾区临近高速公路开启抢险应急绿色救援通道，快速实现救灾车辆免费快速通行，并于灾后14小时打通可供抢险机具通行的关键应急通道。截至7月1日6时终止响应时，共转运人员1005人，免费快速通行救灾车辆18000余台次，清理塌方32.2万立方米，拓宽作业面19.2万平方米，挖掘遇难者遗体7具，医疗救助270余人，疏散过往群众300余人，为72小时黄金期救援、群众安全撤离、救灾物资运输等赢得了宝贵时间，提供了坚实的交通运输保障。

5.5 高速公路对节能环保的影响评价

5.5.1 节能减排中的综合效益

公路营运期间的能源消耗和尾气排放是一种长期的连续投入和持续污染。随着道路交通的发展，汽车的燃料消耗和尾气排放越来越多。研究显示，在高速公路上，一般能够保证车辆以经济时速行驶,此时车辆的污染物排放和能源消耗指标都是最低的,高速公路的发展对节能减排有显著效果。

为定量测算高速公路项目的节能减排效果,本书采用"有无比较法"。"有项目情况"是指高速公路项目建成后,高速公路项目上汽车燃油消耗和尾气排放情况;"无项目情况(基准情况)"是指高速公路未建时,相关路网上汽车燃油消耗和尾气排放情况。两种情况下的燃油消耗之差即为油耗节约量,两种情况下的尾气排放之差即为尾气排放减少量。

(1)油耗节约效果评价

高速公路修建后,由于道路等级的提高,汽车行驶状态的改善,耗油量得到相应下降。根据调查资料,原有的国省道上的汽车平均行驶速度为60~80公里/小时,每百车公里平均油耗为26.4升(均为标准中型车),而高速公路建成通车后,平均百车公里实际油耗22.1升,每百车公里平均可节约用油4.3升。

(2)减少排放效果评价

为定量测算高速公路项目对减少排放的效果,采用"有无比较法"。"有项目情况"是指高速公路项目建成后,高速公路项目上汽车减少排放的情况;"无项目情况(基准情况)"是指高速公路未建时,相关路网上汽车减少排放的情况。两种情况下的减少排放之差即油耗节约量。计算公式如下:

$$Q_1 = (F_0 - F_n) \times L_n \times Q_t \times 365 \times 10^{-4} \tag{5-5}$$

式中:Q_1——新路尾气排放量(万升/年);

F_0——无项目情况,老路的平均尾气排放量(升/车公里);

F_n——有项目情况,新路的平均尾气排放量(升/车公里);

L_n——新路的建设里程(公里);

Q_t——第 t 年新路上的年均日交通量(辆/日)。

据研究测算发现,在高速公路上,车辆的废气排放指标仅为普通公路的1/3~1/2。

5.5.2 环境保护中的综合效益

(1)在生态环境中的综合效益

高速公路的发展把环境保护理念贯穿到了全过程。2012年交通运输部与环境保护部联合发布《关于进一步加强公路水路交通规划环境影响评价工作的通知》,进一步强化了行业规划与项目环评的联动机制。到2017年底,高速公路建设项目环评执行率达到100%。根据建设优化路线设计,注重路线方案比选,科学优化方案,使设计在环保性、技术性、经济性上达到最佳组合,最大限度地避开了自然保护区、饮用水源保护区、风景名胜区、地质公园、居民集中居住区等环境敏感目标,全国相继建成了渝湛高速公路、思小高速公路等生态景观示范工程。针对高速公路建设工程地处生态环境敏感、能源旅游通道等特殊区域,利用路面径流生态种植槽净化技术、桥面径流三池联动净化应急技术等保护环境,在施工过程中用清洁能源取代重油、柴油等作为燃料,在有条件绿化的区域种植植物,吸收固定废气。行业治污设施建设也取得重大进展,高速公路建设中严格执行了环保"三同时"制度,配套建设了水污染处理设施、锅炉除尘除硫设施、声屏障、防护林带等治污设施。

"十二五"以来,以绿色循环低碳路为代表的节能减排示范项目和科技示范工程的相继实施,使高速公路设计新理念内容不断丰富,节地节水、节能减排、低碳环保等举措得到有效落实。一方面,坚持统筹公路资源利用、能源消耗、污染排放、生态影响、运行效率、功能服务之间的关系,寻求公路与自然环境、社会环境的平衡与协调;另一方面,坚持统筹公路规划、设计、建设、运营、管理、服务全过程,以最少的资源占用、能源耗用、污染排放、环境影响,实现外部刚性约束与公路内在供给之间的均衡和协调。重点在"资源节约、生态环保、节能高效、服务提升"四方面实现突破,控制资源占用、减少能源消耗、降低污染排放、保护生态环境、拓展公路功能、提升服务水平。同时,开展五个专项行动:着力实现"零弃方、少借方";实施改扩建工程绿色升级;积极应用 BIM 新技术;推进绿色服务区建设;着力拓展公路旅游功能。

(2) 在土地利用中的综合效益

全立交、大通行量的高速公路为使用者提供了一个高效率、高效益的运行环境。据测算,虽然每公里高速公路的土地占用面积为一般二级公路的 2~3 倍、造价为 2~4 倍,但通过能力为二级公路的 5~10 倍,即单位土地占用和资金投入形成的通行能力高速公路是二级公路的 2.5 倍以上。

2003 年初,国家发改委宏观经济研究院的相关研究结果显示,相比铁路来说,高速公路平均每公里的绝对占地虽然要多一些,但不必像想象的那么大。而且铁路的通行方式单一,线路、车站只为铁路机车独享,社会车辆不可能参与其中,土地的整体利用效率偏低,而且即使建设了铁路,也还是要建设相应的公路设施为其集疏运做配套。得出的结论依然是:高速公路的占地物有所值。

目前,我国所有高速公路项目都根据国家环境保护法规实施了生态保护和环境美化配套建设,道路两侧的绿化带有效地降低了汽车噪声对周边环境的污染,成为天然的绿色声屏。同时,完善的交通工程系统也专门考虑了环保设施,以切实满足环境评价标准的要求。云南的思茅至小勐养高速公路,不仅为野生象群设置了众多通道,还建成了很多观景台,使人们在行车之余能驻足观赏野象群的活动。

(3)在资源集约中的综合效益

通过统筹集约利用运输线位通道资源、以桥代路、以隧代路、低路堤等技术措施,高速公路建设用地集约化水平有效提升,最严格的耕地保护制度得到全面落实。废旧路面材料、工业废料的再生循环与综合利用水平稳步提升,目前全国高速公路已基本实现路面旧料"零废弃",路面旧料回收率(含回收和就地利用)达到95%以上,循环利用率(含回收后再利用和就地利用)达到50%以上,其中东、中、西部分别达到60%、50%、40%以上。

5.6 高速公路对人民生活水平的影响评价

5.6.1 居民旅游的促进

自1988年沪嘉高速公路通车以来,相关统计表明,我国城乡居民的交通消费总额的比重逐年上升,汽车快速进入普通百姓家庭。据国家统计局公布的数据显示,截至2022年底,我国民用汽车保有量达到31903万辆,比2010年增长2.51倍;其中,私人汽车保有量27873万辆,比2010年增长3.26倍;民用轿车保有量17740万辆,比2010年增长3.4倍。而私人轿车保有量达16685万辆,比2010年增长3.85倍。居民收入水平的不断提高和交通基础设施网络的不断发展为我国的自驾出游奠定了坚实的物质基础,特别是高速公路建设的迅速发展,支撑了我国自驾出游的发展经历了由无到有、由近及远、由少到多的发展历程,出行的距离、频次都得到大幅度提升。

(1)高速公路对居民旅游空间格局的影响分析

旅游者的出行空间对距离具有强烈的敏感。距离越长,则观光者的观光活动范围与其旅行规模就越扩大,距离越短,则观光者之访问观光对象的频度越高。我国城市居民的出游行为具有明显的距离衰减规律,中国城市居民旅游和休闲出游市场,随着距离增加而衰减,80%的出游市场集中在距城市500公里以内的范围内;由旅游中心城市出发的非本市居民的目的选择范围,主要集中在距城市250公里半径圈内。以北京、上海为例。八达岭、京津塘、京沈、京承等放射线高速公路的开通,使得黄金周旅游已经不能满足北京居民日常生活的需求,半径300公里以内的自驾游渐成时尚。在上海,居民沿沪宁、京沪等高速公路开展上海、镇江、扬州三地游,到周边的水乡、古镇旅游成为时尚,2017年上海居民旅游休闲的半径已从10年前的150公里,扩展为500公里左右。国内的其他城市随着高速公路成网后,旅游半径的增长幅度也与上海大抵相似,自驾游也成为居民重要的休闲、度周末方式之一。

而事实上,游客在选择旅游目的时,对旅游地的感应空间与实际旅游行为空间存在较大差异,造成这种差异的主要原因就是交通可达性的制约。有60%的游客将交通视为其出行最担心的问题,包括车辆拥挤、路况不良、购票困难等。高速公路作为一种现代化的道路交通基础设施,在缩短时间、节约花费、便捷舒适及安全四个方面占据优势。高速公路的建设,缩短了游客的"感知距离",对旅游的空间结构产生了明显的影响。

以国内旅游市场客源数据为例,分析高速公路建设对旅游空间的影响。国内旅游市场的客源结构符合距离衰减规律,国内旅游的主要部分还是近距离的出游,各地排在客源地前三位的均为本省或相邻地区。抽取具体高速公路项目的影响分析,2003年,随着杭金衢高速公路的通车,衢州的客源结构发生了改变,上海、江苏、北京方向的客流明显增加(表5-6)。2000年,随着上三高速公路和甬台温高速公路的开通,台州的客源结构也相应地发生改变(表5-7)。由于高速公路的建设,各地旅游目的地的可达性不断增强,客源结构也不同程度地发生着改变,主要表现为中长距离的客源日益增加。

衢州市国内客源市场空间分布情况(2004年和2003年比较)　　表5-6

客源地	浙江省内	上海	江苏	广东	北京	山东	其他地区
2003年比重(%)	47.7	19.9	6.3	1.3	0.7	0.6	23.5
2004年比重(%)	45.7	20.6	10.1	1.2	3.6	0.6	19.2

台州市国内客源市场空间分布情况(2004年和2000年比较)　　表5-7

客源地	浙江省内	上海	江苏	广东	北京	山东	其他地区
2000年比重(%)	56.4	9.8	8.1	0.2	2.2	1.5	21.8
2004年比重(%)	41.9	15.4	9.8	2.8	2.5	4.8	22.8

(2)高速公路对居民旅游频次的影响分析

对1988—2017年我国旅游各项收入指标、国内旅游人数与高速公路运营里程、客流量动态变化进行两两相关分析,结果显示,我国高速公路总里程和客运量的变化与同期旅游业发展存在一定的相关性,见表5-8。

高速公路与旅游业发展的相关系数　　　　　表 5-8

项目	旅游业总收入	国内游客人数
高速公路客运量	0.990	0.985
高速公路总里程	0.968	0.969

可以看出,我国国内游客人数与高速公路建设密切相关,其相关系数达到了0.969。应该说,伴随着高速公路迅速发展,国内游客人数取得了快速的增长,两者之间存在着一致性。其原因主要在于高速公路网络的发展提高了运行速度,缩小了地区间的时间间隔,增加了交通网络容量,改变了地区之间的通行条件,满足了旅客的出游交通条件需求,提升了旅客出游意愿。

5.6.2 商品的高效流通

高速公路的快速发展,大大缩短了省(区、市)之间、重要城市之间的时空距离,加快了区域间商品、技术、信息的交流速度,有效降低了生产运输成本,在更大空间上实现了资源的有效配置,拓展了市场,对提高企业竞争力、促进国民经济发展和社会进步都起到了重要的作用。随着高速公路大通道相继贯通,拥挤路段相继扩容改造完成,我国主要公路运输通道交通运输紧张状况得到明显缓解,长期存在的货物运输能力紧张状况得到明显改善。

(1) 拓展商品流通范围

高速公路开通可缩短各类商品的储运时间,保证物资的及时调配,有效提高了商贸市场化、组织化程度。高速公路联网促进了农村鲜活农产品的运输和发展,在全国形成了多个以生产鲜活农产品蜚声中外的地区。为服务"三农"发展,我国建成了覆盖全国所有收费公路的"绿色通道"网络,使农民群众得到实惠,让鲜活农产品成为当地的"名片",更成为农民脱贫致富奔小康的支柱产业。如山东寿光成为著名的"蔬菜之乡",其新鲜蔬菜可通过高速公路绿色通道远销北京、东北地区,也可通过高速公路、港口大量出口日本等国;海南成为著名的"水果之乡",其生产的热带水果行销全国,成为海南省的支柱产业。

(2) 保障重点物资运输

重点物资运输包括煤炭、原油等基本生活原材料和鲜活农产品的运输。高速公路的发展对保障重点物资运输起到了重要作用,对满足人民群众基本生活需要、维护社会经济稳定运行发挥着至关重要的作用。"十五"以来,我国政府不断完善公路运输应急反应机制,加强各级政府部门和大中型运输企业的沟通和协调,采取有效措施,有力保障了迎峰度夏和特殊时期的煤炭、原油、粮食等重点物资运输,先后开辟了多条煤炭公路运输通道,建立了覆盖全国所有收费公路的鲜活农产品运输"绿色通道"网络,对包括台湾水果在内的整车合法装载鲜活农产品车辆实行优先便捷通行并免缴通行费的优惠政策,为鲜活农产品运输提供了有力的保障。

(3)促进物流成本降低

综合考虑油耗、汽车磨损、时间节约等多种因素,高速公路的运输成本比普通公路约降低30%。为进一步推进物流降本增效,高速公路着力解决"乱收费、乱罚款"等问题,推动取消高速公路省界收费站工作,部分高速公路开展分时段差异化收费试点。省级人民政府可根据本地区实际,对使用电子不停车收费系统(ETC)非现金支付卡并符合相关要求的货运车辆给予适当通行费优惠。落实好鲜活农产品运输"绿色通道"政策。

(4)促进商品价格降低

高速公路不仅拓展了当地产品的市场辐射边界,调整和丰富了输出的商品结构,为易损、易碎、鲜活的商品外运提供了有效保障。而同时,也敞开了自身的市场门户,丰富活跃了本地市场,加剧了本地市场的竞争,使建立在原有运输系统下的市场障碍被清除,在外来商品的冲击下,本地商品的市场竞争将面临新的挑战,降低了商品零售价格。

5.7 评价结论

"衣、食、住、行"是人民生活的基本要素,三十年高速公路的发展,大大提升了中国旅客出行的品质和物资流通的效率,促进了社会生产和人民生活水平的大幅度提升。

5.7.1 服务便捷高效出行

(1)提升旅客运输能力

高速公路大通道的运输作用得到充分体现,以占公路3.3%的里程承担了公路交通20%以上的行驶量。节假日等旅客运输高峰期的运输服务保障能力显著增强,自2012年实施7座及以下小客车重大节假日免收通行费政策以来,高速公路有力保障了节假日高强度集中出行的平稳运行,2017年春节、清明、五一、十一节假日期间(免费)高速公路日均客车流量是平时的1.63倍,元旦、端午节假日期间(非免费)高速公路日均客车流量是平时的1.11倍。高速公路的快速发展还促进了各种运输方式的有效衔接,为使用铁路、民航出行的旅客等提供了快速接驳服务,推进了旅客联程联运的蓬勃发展,全面提升了综合交通运输体系的运行效率。

(2) 拓展旅客出行范围

四通八达的高速公路网络实现了重要城镇节点间的互联互通,到 2022 年底,高速公路已连接所有地级市以上城市,并已覆盖约 99% 的城镇人口 20 万以上城市。高速公路的速度和便捷效果不断显现,使人们出行的机动性和自由度大幅提升。2017 年,全国旅游人数达到 50 亿人次,其中自驾游出行 31 亿人次。人们选择高速公路出行的频率和距离不断提升,每年人均高速公路出行已达 16 次,人均高速公路出行里程为 1129 公里。

(3) 提升旅客出行体验

高速公路良好的通行条件,大大提升了道路行车速度,全国国道网平均车速由 1985 年的每小时 30 公里提高至每小时 69 公里。电子不停车收费系统(ETC)实现全国联网,大幅减少了排队等候时间,缓解了高速公路收费站拥堵问题。出行服务也更加人性化,在高速公路服务区深入推进"厕所革命",解决了如厕难等基本服务难题。同时,积极探索第三卫生间、母婴室、免费无线上网、公路出行信息查询、服务区商品"同城同价"等高品质多样化服务,群众满意度不断提升。

5.7.2 促进物流降本增效

(1) 提升货物运输效率

随着京哈、沈海、京沪、京港澳等一批长距离、跨省际的高速公路大通道相继贯通,拥挤路段扩容改造逐步完成,高速公路网成为一张纵贯南北、横穿东西的物资运输网,主要公路运输通道交通运输紧张状况得到明显缓解,有力支撑了东北、南北沿海、京沪、京港澳(台)等 11 条物流大通道建设,为煤炭、原油、鲜活农产品等重点物资运输,尤其是迎峰度夏和特殊时期的货物运输,提供了坚实保障。高速公路使货运更加高效便捷,将公路货运的平均运距从 1997 年的 56 公里提升到 2022 年的 177 公里,高速公路运距更是增加到四五百公里,千公里范围内货物运输可实现一日通达。

(2) 降低货运物流成本

高速公路的快速发展,缩短了省际之间、重要城市之间的时空距离,节约了货物运输在途时间,减少了油耗损失,有效降低了生产运输成本,促进了商品流通效率提升和价格降低。目前,中国已有 460 余万公里非收费普通公路,可有效支撑全国范围的货物运输,高速公路为物流行业增加了另外一种更高效、更便捷、更安全的选择。虽然高速公路建设成本不断提升,但通行费标准多年来几乎没有增长。近年来,通过实施高速公路绿色通道、高速公路差异化收费、上线高速公路通行费增值税电子普通发票统一开具平台等多项举措,进一步降低了物流成本,减轻了企业负担,为实体经济发展保驾护航。

5.7.3 加强交通安全保障

(1)提高出行安全水平

高速公路封闭性强、技术标准高,相对于普通公路具有更好的安全行车条件。高速公路的发展大幅度提升了出行安全水平,促进了平安交通的发展。2017年,中国普通国道年平均日行驶量为167764万车公里,发生交通事故107573起,国家高速公路年平均日行驶量为127600亿车公里,发生交通事故8405起,平均一辆车在高速公路行驶一公里发生事故的概率是普通国道的十分之一。

(2)强化应急救援保障

多年来,交通部门对高速公路应急体系建设常抓不懈,通过不断完善高速公路应急预案、加强技术装备创新和跨部门协作,高速公路安全保障服务能力、防震减灾水平和应急处置能力持续提高。在历次重大突发事件和地质灾害应急救援当中,高速公路都充当了"生命线"的角色。1998年特大洪水、2008年汶川地震、2017年茂县重大山体滑坡等灾害中,高速公路将大量的救援人员和物资运往灾区,挽救了无数人的生命,为灾区带去了信心和希望。

5.7.4 改善生态资源环境

(1)促进资源集约节约

通过统筹集约利用运输线位通道资源、以桥代路、以隧代路、低路堤等技术措施,高速公路建设用地集约化水平有效提升,最严格的耕地保护制度得到全面落实。废旧路面材料、工业废料的再生循环与综合利用水平稳步提升,目前全国高速公路已基本实现路面旧料"零废弃",路面旧料回收率(含回收和就地利用)达到95%以上,循环利用率(含回收后再利用和就地利用)达到50%以上,其中东、中、西部分别达到60%、50%、40%以上。13个高速公路服务区列入清洁能源和水资源循环利用类试点项目,大大提升了高速公路材料循环利用水平。

(2)强化生态环境保护

新建高速公路建设项目严格推行生态设计和绿色施工,坚持生态选线,采用生态防护技术,对自然地貌、原生植被、表土资源、湿地生态、野生动物等进行重点保护,落实环境保护与水土保持要求,做好临时用地的生态恢复,打造了一批高水平绿色公路示范工程。针对早期建设由于理念和技术原因导致不能满足环保要求的已建高速公路,积极开展生态修复。

(3)加强绿色科技创新

重点推进LED绿色照明技术、隧道通风照明节能智能控制系统、温拌沥青、冷补养护等新技术、新产品、新材料、新装备应用,积极推广太阳能、风能等可再生能源,加强废旧路面、工业废物等材料再生循环与综合利用。中国高速公路节能环保建设运营技术已处于世界领先地位。

6 高速公路建设对国家战略的影响评价

6.1 高速公路对国家战略的影响机理研究

6.1.1 国家战略的内涵和外延

20世纪中期以后,"战略"概念的使用逐步拓展到了战争事务以外的领域,扩展到对主体未来行动进行某种全局规划的含义。"国家战略"是主体为"国家"的战略体系中最高层次的战略,即由国家最高权力机关谋划和实施的在较长的一个时期里统筹国家安全和发展的战略。安全和发展是国家战略的两大体系,二者统筹发展,在国家的不同历史时期分别有所侧重。党的十九大报告指出,发展是解决我国一切问题的基础和关键,发展必须是科学发展,必须坚定不移贯彻创新、协调、绿色、开放、共享的发展理念。

"国家战略"在内涵层面表达的是国家总体战略的意思,即国家在较长的历史时期内,从现实世情和国情出发,统筹国家发展,合理配置、有效运用并综合提升国家力量的总体方略❶。

"国家战略"外延层面表达的是"国家的战略"的意思,落实到我国的战略包括区域协调、新型城镇化、脱贫攻坚、军民融合等,即由国家出面谋划或制定在某些领域的分解战略,是实现国家总体战略的途径和各领域的基本遵循。

6.1.2 高速公路建设对国家战略影响的内在逻辑

国家总体战略是由国家利益、战略目标、国家政策及国家力量四个要素构成的。国家利益是指民族国家追求的主要好处、权利或受益点,反映这个国家全体国民及各种利益集团的需求与兴趣;战略目标是国家战略所要实现的预期目的,是一定时期的国家利益的具体化和明晰化;国家政策是国家为实现一定时期的战略目标或为完成一定时期的战略任务而规定的行动准则;国家力量是一个国家在政治、经济、军事、科技、基础设施等方面所拥有的实力,是实现国家战略目标的资源条件。它们之间的关系是:国家利益是基本要求,决定着战略目标总体方向;战略目标要求相应的国家政策;在国家政策的指导之下合理调配使用国家力量,以求以最小的代价、最低的成本维护和增进国家利益,实现国家目标。

高速公路的产生适应了工业化和城市化的发展要求,是经济高速发展、人民生活水

---

❶ 根据《中国军事百科全书》2008年版《国防发展战略分册》以及《国家战略论》《广义大战略》《邓小平大战略》等代表性著作归纳。

平提高及消费结构变化的必然产物。

首先,高速公路建设本身就是国家战略目标的重要组成部分。高速公路是整个国家综合交通运输体系中的主动脉,其建设发展是国家力量增进的一项具体体现,是国家"三步走""两个一百年"奋斗目标、全面建成小康社会等战略目标的重要组成部分。

其次,高速公路建设是国家资源配置的重要方面。高速公路的建设对国民经济社会有重要的基础性、先导性作用,特别是30年来在我国铁路网络骨干作用尚不完善的条件下,高速公路路网密度是显示区域资源产业条件的重要因素,高速公路的建设能够极大地推动生产要素的跨区域流动,促进区域经济交流和产业布局优化。我国高速公路覆盖成网,为我国逐步实现全面建成小康社会、实现社会主义现代化等阶段性战略目标打下了良好基础,符合国家的核心利益。

再次,高速公路建设为各领域国家战略实施提供了支撑和保障。高速公路的建设和初步成网在不同程度上支撑着国家对外开放、城乡区域协调、文化交流、科技进步、国防建设、改善民生等方面的发展需求,为中国特色社会主义经济、政治、文化、社会、生态等战略布局发展提供了有力支撑,是各项国家政策制定和实施的有力保障,符合国家的综合利益,契合时代主题。

最后,高速公路建设在某一历史阶段是我国拉动经济的主要手段。随着经济全球化发展,国家经济受国际经济局势影响越来越大,为应对1998年和2008年金融危机,国务院作出"加快基础设施建设""促增长,保内需"等重大决策,高速公路投资是全社会固定资产投资的重要组成,当年高速公路建设对国内生产总值的贡献率分别达到4%、5.6%,为扭转经济增速回落趋势、拉动经济增长发挥了重要作用,有效支撑了国家经济安全和平稳发展。

6.2 高速公路对区域协调战略的影响评价

6.2.1 对"一带一路"倡议的影响评价

(1)指标体系建立

"一带一路"倡议的最终目标是打造人类命运共同体,与"一带一路"共建国家以政策沟通、设施联通、贸易畅通、资金融通、民心相通(以下简称"五通")为主要合作内容,这一倡议顺应了国际经贸合作与经贸机制转型的需要,引起了国内和相关国家、地区乃至全世界的高度关注和强烈共鸣。同时,也是推进我国新一轮对外开放的重要抓手,要素流动转型和国际产业转移的实现路径,并将以此有效带动我国东中西部梯次联动并进。

据此,确定高速公路对我国"一带一路"倡议影响评价的战略目标贡献度指标,由"五通"构成核心指标准则层,由国际影响力作为特色性指标,见表6-1。

对"一带一路"倡议的影响评价指标体系　　　　表6-1

指标层次	准则层		指标层	指标性质
战略目标贡献度	政策沟通	1	涉及"高速公路共建协议"的政府间合作文件占比增加率	预期性指标
	设施联通	2	"一带一路"国内主通道高速公路新建通车增长率	预期性指标
		3	"一带一路"规划口岸高速新增建成增长率	预期性指标
	贸易畅通	4	"一带一路"贸易额增长率	预期性指标
		5	"一带一路"货运量增长率	预期性指标
		6	TIR[①]运输口岸节约运价比率	预期性指标
	资金融通	7	对外高速公路投资占直接投资净额比例增长率	预期性指标
		8	国内高速公路建设利用外资比例增加值	预期性指标
	民心相通	9	"一带一路"高速公路通道沿线各国人民的幸福指数增加值	预期性指标
特色性指标	国际影响力	10	国际关注度贡献率	预期性指标

注:①TIR 是建立在联合国公约基础上的全球性跨境货运通关系统,通过简化通关程序来提高通关效率、推进多边贸易和国际运输的便利化与安全性。我国于 2016 年正式加入 TIR。

(2)评价结论

推进"六廊一路"(新亚欧大陆桥经济走廊、中蒙俄经济走廊、中国—中亚—西亚经济走廊、中国—中南半岛经济走廊、中国—巴基斯坦经济走廊、孟中印缅经济走廊和 21 世纪海上丝绸之路)高速公路通道建设,建成京新、二广、青兰等 29 条国家高速公路项目,大力促进了中国与"一带一路"共建国家"政策沟通、设施联通、贸易畅通、资金融通、民心相通",是中国与"一带一路"共建国家分享优质产能,打造政治互信、经济融合、文化包容的利益共同体、命运共同体和责任共同体的重要举措,是我国对外开放战略与时俱进的突出表现。

6.2.2　对京津冀协同发展战略的影响评价

京津冀协同发展是我国区域协调发展的重要战略,推动京津冀协同发展,打造以首都为核心的世界级城市群,是新时期我国解决区域不平衡、不协调问题的重要实践,具有重大战略意义。

根据《京津冀协同发展规划纲要》,京津冀的整体定位是"以首都为核心的世界级城市群、区域整体协同发展改革引领区、全国创新驱动经济增长新引擎、生态修复环境改善示范区",核心是京津冀三地作为一个整体协同发展,要以疏解非首都核心功能、解决北京"大城市病"为基本出发点,调整优化城市布局和空间结构,构建现代化交通网络系统,扩大环境容量生态空间。区域整体定位体现了三省市"一盘棋"的思想,突出了功能互补、错位发展、相辅相成。

(1) 指标体系建立

京津冀协同发展战略是区域发展战略,以打造以北京为核心世界级城市群为战略重点,发展的阶段性目标围绕一体化格局构建、生态环境质量、区域经济产业结构、公共服务水平等重点领域制定,并在2030年形成具有国际竞争力和影响力的重要区域,在引领和支撑全国经济社会发展中发挥更大的作用。

世界级城市群的核心特征有三:一是中心城市具备国际影响力,生产要素聚集度远高于其他城市;二是城市群内部各城市基于资源优势形成了互补分工与合作,经济产业联系度远高于其他城市;三是空间组织形式呈现"一核多极多卫星"式交叉联系的"塔尖式网络化"结构,如图6-1所示。

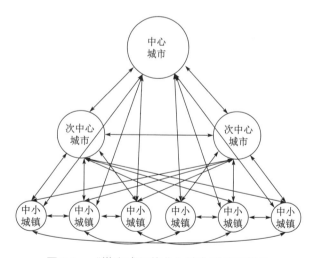

图6-1 "塔尖式网络化"城市群空间结构

据此,确定高速公路对京津冀协同发展战略影响评价的战略目标贡献度指标,由交通一体化发展、生态环境质量、区域经济产业结构和公共服务水平均等化构成核心指标准则层;其特色性指标由世界级城市群的三个核心特征指标构成,如表6-2所示。

对京津冀协同发展战略的影响评价指标体系   表 6-2

指标层次	准则层		指标层	指标性质
战略目标贡献度	交通一体化发展	1	"多中心、网格状"区域高速公路网建成度	预期性指标
	生态环境质量	2	京津冀区域新能源汽车保有量	预期性指标
		3	运输结构调整成效	预期性指标
	区域经济产业联动	4	跨区域高速公路服务产业后向联动系数	预期性指标
		5	跨区域高速公路服务产业前向联动系数	预期性指标
	公共服务水平均等化	6	三省市高速公路密度均衡度	预期性指标
特色性指标	中心城市生产力聚集度	7	北京市中心聚集度高速公路贡献度	预期性指标
	城市群内部产业关联度	8	区域内产业关联度程度贡献度	预期性指标
	空间结构完善度	9	短期人口流动空间分布工贡献度	预期性指标

(2) 评价结论

高速公路互联互通是京津冀协同发展的关键一环。经评价计算,2018 年首都地区环线高速公路建成通车后,"多中心、网格状"高速公路网基本形成,对京津冀一体化进程起到了巨大的推动作用,交通一体化发展、生态环境质量保护、区域经济产业联动及公共服务水平均等化水平显著提升,创新、开放理念充分贯彻,城市群内部经济产业联系度和空间结构也得到显著完善。京雄高速公路的规划支持了雄安新区的发展。

6.2.3 对长江经济带发展战略的影响评价

长江经济带拥有我国最广阔的腹地和发展空间,覆盖上海、江苏、浙江、安徽、江西、湖北、湖南、重庆、四川、云南、贵州等 11 省市,面积约 205 万平方公里,占全国总面积的 21%,生态地位重要,综合实力较强,是我国经济增长潜力最大的地区,是目前世界上可开放规模最大、影响范围最广的内河流域经济带,是东中西互动合作的协调发展带、沿海沿江沿边全面推进的对内对外开放带,也是生态文明建设的先行示范带。

2014 年,国务院编制《长江经济带综合立体交通走廊规划(2014—2020 年)》,依托长江黄金水道,统筹推进高速公路建设,着力消除省际间待贯通路段,加快形成连通 20 万人口以上城市、地级行政中心、重点经济区的区域高速公路网络。

(1) 指标体系建立

长江经济带主要战略任务是提升长江黄金水道功能,建设综合立体交通走廊,创新驱动促进产业转型升级,全面提升新型城镇化,培育全方位对外开放新优势,建设绿色生态廊道,创新区域协调发展体制机制。战略目标是水环境和水生态质量全面改善,生态系统功能显著增强,水脉畅通、功能完备的长江全流域黄金水道全面建成,创新型现代产业体系全面建立,上中下游一体化发展格局全面形成,生态环境更加美好、经济发展更具活力、人民生活更加殷实,在全国经济社会发展中发挥更加重要的示范引领和战略支撑作用。

据此,确定高速公路对长江经济带发展战略影响评价的战略目标贡献度指标,由建设综合立体交通走廊、产业转型升级、生态环境质量、经济带范围内东中西部城市一体化发展水平构成核心指标准则层;考虑到长江经济带战略对我国释放中上游内需和发展新型城镇化的示范意义,特色性指标由扩大内需贡献度和新型城镇化发展水平构成,如表6-3所示。

对长江经济带发展战略的影响评价指标体系　　　　表6-3

指标层次	准则层		指标层	指标性质
战略目标贡献度	建设综合立体交通走廊	1	规划高速公路及与重要港区的连接线建成度	预期性指标
		2	公水、公铁联运比例增长率	预期性指标
	产业转型升级	3	战略性新兴产业发展速度	预期性指标
		4	产业结构优化指数	预期性指标
	生态环境质量	5	交通基础设施生态修复技术应用比例	预期性指标
		6	交通运输装备绿色升级节能率	约束性指标
	东中西部城市一体化发展水平	7	中西部地区依托"飞地经济"等方式承接产业转移增长率	预期性指标
		8	东中西部人均生产总值差异性	约束性指标
特色性指标	扩大内需贡献度	9	东部与中西部居民消费支出差异性	约束性指标
		10	新型城镇化率贡献率	预期性指标
	新型城镇化发展水平	11	城乡道路客运发展水平	预期性指标

(2) 评价结论

加强高速公路与长江航运、铁路、民航的有效衔接,推动了长江经济带综合立体交通走廊的建设。沪蓉、沪渝、沪昆等一批重点高速公路全线通车,连通了长江经济带90%

以上的国家级农业示范区、经济开发区、转型升级示范区以及5A级景区,大大促进了产业的融合发展,新型城镇化水平全面提升,对外开放工作有序开展。

同时,长江经济带发展把保护和修复长江生态环境摆在首要位置,共抓大保护,不搞大开发,资源得到集约高效利用,保护和修复工程有序推进,环境得以改善。

6.3 高速公路对新型城镇化战略的影响评价

近30多年来,随着改革开放的不断深化,我国城镇化持续发展。截至2022年底,常住人口城镇化率已达到65.22%,城镇常住人口达9.2亿人。30年来我国城镇化发展战略经历了几个阶段,如表6-4所示。

中国城镇化发展战略的演变过程　　　表6-4

年份(年)	中国城镇化发展战略
1990	"严格控制大城市规模,合理发展中等城市和小城市""小城镇、大战略"
2000	"大中小城市和小城镇协调发展"
2002	党的十六大报告:"要逐步提高城镇化水平,坚持大中小城市和小城镇协调发展,走中国特色的城镇化道路。"
2007	党的十七大报告:"走中国特色城镇化道路,按照统筹城乡、布局合理、节约土地、功能完善、以大带小的原则,促进大中小城市和小城镇协调发展。"
2012	党的十八大报告:"坚持走中国特色新型工业化、信息化、城镇化、农业现代化道路,推动信息化和工业化深度融合、工业化和城镇化良性互动、城镇化和农业现代化相互协调,促进工业化、信息化、城镇化、农业现代化同步发展。""科学规划城市群规模和布局,增强中小城市和小城镇产业发展、公共服务、吸纳就业、人口集聚功能。加快改革户籍制度,有序推进农业转移人口市民化,努力实现城镇基本公共服务常住人口全覆盖。"
2017	党的十九大报告:"以城市群为主体构建大中小城市和小城镇协调发展的城镇格局,加快农业转移人口市民化。"
2022	党的二十大报告:"深入实施区域协调发展战略、区域重大战略、主体功能区战略、新型城镇化战略,优化重大生产力布局,构建优势互补、高质量发展的区域经济布局和国土空间体系。"

从表6-4看出,30年来我国对于城镇化发展战略的认识经历了两个阶段的转变,一是对大城市发展的态度转变,二是确定了以城市群为主体的发展格局。当前,我国已经

进入城镇化的战略转型期,加快推进新型城镇化,全面提高城镇化质量,实现更高质量的健康城镇化目标,是现阶段推进城镇化的重要任务。

6.3.1 指标体系建立

城镇化进程的加快,带动了全社会人员、物资的流动加快,推动了交通基础设施发展,特别是高速公路网络的建设,反过来对区域内城镇协调发展产生巨大影响,核心城镇群引领下的经济与人口集聚的区域化格局正在强化,城乡之间物资、人员流通的支撑保障更加突出。

根据中共中央、国务院印发的《国家新型城镇化规划(2014—2020年)》,新型城镇化发展要在2020年实现五大发展目标:一是城镇化水平和质量稳步提升;二是城镇化格局更加优化;三是城市发展模式科学合理;四是城市生活和谐宜人;五是城镇化体制机制不断完善。参考《中国城镇化质量综合评价报告》中的城镇化质量评价指标体系,建立新型城镇化战略的影响评价指标体系,由城镇化效率指数和城乡协调指数构成特色性指标,如表6-5所示。

对新型城镇化战略的影响评价指标体系 表6-5

指标层次	准则层		指标层	指标性质
战略目标贡献度	城镇化水平和质量	1	常住人口城镇化率	预期性指标
		2	人均高速公路里程	预期性指标
	城镇化格局合理性	3	城市群要素聚集能力	预期性指标
		4	中小城市数量增长率	预期性指标
	城市发展模式科学性	5	对集约发展城镇化引导作用	预期性指标
	城市生活和谐水平	6	减少高速公路规划建设对城市阻隔效应	预期性指标
特色性指标	城镇化效率指数	7	区域内单位新增高速公路里程实现GDP增量	预期性指标
	城乡协调指数	8	城乡收入差异系数	约束性指标
		9	区域城镇居民与全区域人口的人均营运客车座位数之比	预期性指标

6.3.2 评价结论

随着高速公路等干线通道的建设完善,城市群内部构建的新型城镇化体系空间结构已经基本成型。京津冀、长三角及珠三角三大城市群趋于成熟,交流畅通,形成"三角形"运输格局,沈海高速公路、京沪高速公路在京津冀和长三角间形成带状运输走廊,京港澳高速公路、大广高速公路构成京津冀和珠三角间复合通道走廊,沈海高速公路、济广高速公路在长三角和珠三角间形成双通道。广大中部、西南部初步形成城市群发展密集区,崛起态势明显,高速公路运输距离长、重型车比重大。沪蓉、包茂、兰海、厦蓉等高速公路推动成渝城市群融合发展,并与二广、沪昆、沪渝、福银等高速公路共同构成中部地区"环状 + 井字形"高速公路通道,推动中原城市群、武汉城市群、长株潭城市群等内畅外联。连霍、沪陕、京昆等高速公路推动关中—天水城市群东向联系更紧密,滇中、黔中等城市群开始成型,沪昆、兰海对周边城市的辐射带动作用逐渐加强。东北地区人均高速公路出行频率低,运输距离长,城镇化水平高,以京哈、京深、大广高速公路为主通道,城际高速公路为连通,哈长、辽中南城市群圈层运输、港口协作特征明显。

6.4 高速公路对脱贫攻坚战略的影响评价

1986 年,国务院成立贫困地区经济开发领导小组(国务院扶贫开发领导小组前身),确定了开发式扶贫方针,确定了划分贫困县的标准,并划定了 273 个国家级贫困县。后来将牧区县、"三西"项目县加进来,到 1988 年增加到 328 个国家级贫困县。1994 年实施《国家八七扶贫攻坚计划(1994—2000 年)》,提出 7 年时间,基本解决目前全国农村 8000 万贫困人口的温饱问题,划定贫困县增加至 592 个。2001 年,《中国农村扶贫开发纲要(2001—2010 年)》按照集中连片的原则,国家把贫困人口集中的中西部少数民族地区、革命老区、边疆地区和特困地区作为扶贫开发的重点,取消了沿海发达地区的 38 个国家级贫困县,增加了中西部地区的贫困县数量,总数仍为 592 个,同时将国家级贫困县改为国家扶贫开发工作重点县,西藏作为集中连片贫困区域全部享受重点县待遇。2007 年,我国扶贫战略又一次进行了重大调整,从区域开发扶贫战略开始转向社会保障扶贫与开发性扶贫相结合的战略转变,从扶持贫困大区向扶持贫困县继而转向重点扶持贫困村的战略转变,从单一项目扶贫向综合扶贫的战略转变。2011 年《中国农村扶贫开发纲要（2011—2020年）》划定14个连片特困地区,并将其作为扶贫攻坚主战场。14个片区共含680个县,其中有440个是国家扶贫开发工作重点县,而592个重点县中另有152个不在片区内,所以片区县与重点县之和为832个,作为当前我国扶贫开发的重点县域。党的十八大提出了到2020年全面建成小康社会的奋斗目标,这是中国共产党向人民、向历史作出的庄严承诺,而脱贫攻坚是全面建成小康社会的重要任务。打赢脱贫攻坚战,关系到人民群众的根本福祉,关系到中国共产党的执政责任,关系到中国共产党人的使命担当,关系到国家的长治久安,意义十分重大、深远。

对贫困地区而言,交通基础设施水平与经济社会增长之间存在高度的正相关,高速公路一般构成贫困地区对外连接主通道,可有效带动贫困县域主导产业发展,改善贫困村镇基础设施条件,扶持贫困人口自身能力建设,便利贫困地区居民出行。

6.4.1 指标体系建立

党的十八届五中全会把"扶贫攻坚"改成了"脱贫攻坚"。根据我国扶贫脱贫工作情况,总结我国贫困地区的特征:①14个贫困片区的集中连片特征突出,多位于我国的高原地区、山地丘陵区,特别是三大阶梯的过渡带。②贫困片区的植被和森林覆盖情况呈两极分化:一类是森林覆盖率特别高,有5个片区森林覆盖率高于50%;另一类是特别低,超过4个片区森林覆盖率不足20%。③从社会经济情况来看,多为革命老区、民族地区或边境地区,即往往呈现"老、少、边、穷"四大特征。④不同片区往往具有不同的减贫与发展重点,在区域模式方面,具有不同的创新方向。

结合我国脱贫攻坚战略目标,建立影响评价指标体系。以贫困地区基础设施保障、生活水平、公共服务水平的提高情况,以及总体贫困率减少速度为核心指标,以交通优势度为特色性指标。对新型城镇化战略的影响评价指标体系如表6-6所示。

对新型城镇化战略的影响评价指标体系　　　　表6-6

指标层次	准则层		指标层	指标性质
战略目标贡献度	基础设施保障	1	贫困地区高速公路连通度	预期性指标
	生活水平	2	贫困地区与全国人均可支配收入增幅比贡献率	预期性指标
	公共服务水平	3	贫困地区与全国人均高速公路里程比贡献率	预期性指标
	总体脱贫贡献力	4	贫困人口减少率	预期性指标
特色性指标	空间格局指标	5	交通优势度	预期性指标

6.4.2 评价结论

改革开放以来,我国扶贫工作取得显著成绩,农村贫困人口大幅度减少,收入水平稳步提高,贫困地区基础设施明显改善。特别是党的十八大以来,以习近平同志为核心的党中央,出台了一系列重大政策措施,拓展了中国特色脱贫攻坚道路,脱贫攻坚取得历史性成就。党的十九大报告指出:"脱贫攻坚战取得决定性进展,六千多万贫困人口稳定脱贫,贫困发生率从百分之十点二下降到百分之四以下。"

高速公路为促进农村产业发展和经济增长提供了保障,对优化农村产业布局、支撑农业农村现代化建设等发挥着重要作用。高速公路将农村地区的农业园区、矿产资源、旅游景点等与外界有效串联起来,盘活了农村发展资源,促进乡村旅游、特色加工、资源开发、绿色生态等产业落地、发展、壮大,引导农业与其他产业的融合发展,丰富建立了现代农村产业体系,为农业农村发展提供了新的动能。高速公路鲜活农产品"绿色通道"的开通,推动形成了高效经济的农产品、农副产品物流体系,满足了现代经济社会对鲜活农产品时效和品质的要求,促进引导传统供应链体系模式变革,大大提升现代农业体系运行效率,促进了农民收入的提升。高速公路加强了城乡之间的交流,为农民享有与城里人同等更好的教育、卫生、医疗、快递等服务创造更加有利条件,提升了农村地区的宜居程度。

6.5 高速公路对军民融合战略的影响评价

军民融合战略是国家发展和安全两大战略体系紧密结合的突出体现,是构建一体化的国家战略体系和能力的现实路径。国防公路系统一方面支撑大量军人和大批军事设施的快速运输,另一方面,如果发生军事冲突,公路系统可以为国家的军事需要提供潜在的资源,具有重要的国防战略地位。

2015年3月12日,习近平在出席十二届全国人大三次会议解放军代表团全体会议时强调,深入实施军民融合发展战略,努力开创强军兴军新局面[1]。中共中央政治局于2017年1月22日召开会议,决定设立中央军民融合发展委员会。党的十九大报告提出,坚持富国和强军相统一,强化统一领导、顶层设计、改革创新和重大项目落实,深化国防

---

[1] 《深入实施军民融合发展战略 努力开创强军兴军新局面》,《人民日报》2015年3月13日。

科技工业改革,形成军民融合深度发展格局,构建一体化的国家战略体系和能力。

6.5.1 指标体系建立

根据军民融合战略的特殊性,采用以下两个指标作为高速公路对军民融合战略影响的评价指标体系。

(1) 具有军事国防功能的高速公路建设情况

计算具有军事国防功能的高速公路建设里程占总里程的比例:

$$A_{6,1} = \frac{有军事国防功能的高速公路建设里程}{高速公路建设总里程} \tag{6-1}$$

(2) 高速公路对军事战略输送的影响

计算高速公路对部队集结时间的减少、输送能力的提升:

$$A_{6,2} = T_i \cdot \varphi_1 + Q_i \cdot \varphi_2 \tag{6-2}$$

式中:T_i、Q_i——高速公路对部队集结时间的减少、输送能力的提升量的无量纲化值;

φ_1、φ_2——上述两指标的权重。

6.5.2 评价结论

高速公路建设是国防建设和经济建设融合发展的重要领域。"九五"以来,一批具有国防战略意义高速公路项目的建成,加强了主要战略方向与战略后方的战略通道建设,提升了军事战略通道保障能力、战略投送保障能力和交通抢运抢修能力。今后,应加强高速公路服务区路空一体化空间拓展,统筹经济发展和军事保障需求,综合运用服务区陆地和空域资源,丰富高速公路服务区战略功能体系。

高速公路建设对社会文化的影响评价

7.1 高速公路建设对社会文化影响的机理分析

高速公路建设对社会文化的影响主要体现在三个方面,即完善自身行业文化建设、带动文化产业发展以及促进区域文化交流。

7.1.1 自身行业文化

行业文化是指行业内企业和员工共同遵守的行业道德规范。生产力是推动社会发展的根本力量,是最活跃的要素。行业是生产力的直接组织者和参与者,在生产经营活动中产生的行业文化,相对于社会文化是超前的,往往最先反映时代的新观念、新思想、新气息。一种优秀的行业文化形成以后,对于外来的优秀文化仍具有很强的吸收接纳能力。

交通文化作为一种具有特殊内容和表现手段的文化形态,是人们在社会活动中依赖于以交通、交通资源、交通技术为支点的信息活动而创造的物质财富与精神财富的总和。因此,广义的交通文化体现在以下4个方面:

(1)作为物质形态的交通文化

它是交通文化的"塔基",属于交通文化的物质躯壳,是形成交通文化的基本实体,承担着人的空间流动和物质、能量、信息的社会流转的基本职能,集中物化了生产力系统中的渗透性因素——科技文化的优秀成果。这里面包括交通工具、交通设施等。

(2)作为社会规范的交通文化

它是交通文化的"塔腰",是交通文化的生态机制,以追求效率为目标,以协调交通诸要素间的关系为核心。首先,严格的交通工程建设与保养法规保证了交通工程、设施的施工质量和使用寿命。其次,强有力的交通行政体制确保了交通行政功能的有效发挥。交通行政管理体制中的关键是交通行政部门职与责的划分。再次,严格的交通伦理规范规定了交通营运中人与人之间及人与物之间的关系,从而保障交通活动的井然有序。

(3)作为行为方式的交通文化

它是交通文化的"塔颈",是交通文明程度的具体体现,标志着人在交通过程中的文化作用。它是由于交通文化影响而形成的人的交通需求、交通意识、交通能力、交通心理、交通活动等交通选择、接受、利用等行为方式的总称。

交通行为指的是与交通活动各个环节相关的人类心理与活动。不同阶段的交通技术和手段,改变着人们的行为方式。不同历史阶段人类交通行为呈现出不同的特征。

(4)作为精神观念的交通文化

它是交通文化的"塔尖",是交通文化生态良性演进、健康发展的灵魂与方向。它主要包含两方面的含义。其一,人类文化中的精神观念文化,从思想观念、政治、宗教、历史、科学到文学艺术等,无不是人类知识的具体表现,而这些知识的获得与交通密不可分,没有交通的发展,这些知识都无法传播出去。并且,作为交通的重要一部分的信息交流和文化信息传播是知识传播的重要手段。因而,精神文化是交通文化的重要表现形式。其二,交通技术及其产品,如交通理念、交通文明的发展等是人类精神文化的组成部分。交通技术及其产品不断地充实和丰富着人类社会的精神文化,改变着人们的思想观念。

高速公路作为交通运输行业的一个重要组成部分,具备交通行业文化的所有要素。高速公路行业文化本身就是整个社会文化的一部分,自身行业文化的发展对社会文化发展是一种补充和完善。

7.1.2 文化产业带动

文化产业是按照工业标准,生产、再生产、储存以及分配文化产品和服务的一系列活动。文化产业是以生产和提供精神产品为主要活动,以满足人们的文化需要作为目标,基本上可以划分为三类:一是生产与销售以相对独立的物态形式呈现的文化产品的行业(如生产与销售图书、报刊、影视、音像制品等行业);二是以劳务形式出现的文化服务行业(如戏剧舞蹈的演出、体育、娱乐、策划、经纪业等);三是向其他商品和行业提供文化附加值的行业(如装潢、装饰、形象设计、文化旅游等)。

高速公路对于文化产业,尤其是文化旅游业具有重要的影响。高速公路的发展顺应了现代旅游业的发展趋势,对于现代旅游形态的发展具有积极的促进作用。高速公路的建设运营,使得交通更加便利、快捷,对旅游发展和旅游业增加值的拉动具有重要作用。同时,高速公路为地方各具特色的旅游资源提供了展示的平台,对旅游业服务能力提升具有重要影响。

7.1.3 区域文化交流

一方面,高速公路促进文化的传播与融合。作为现代交通手段之一的高速公路,具有高速化、大容量化、远程化、信息化、舒适化的特点,这克服了地理空间给人们造成的障碍,为人类大空间、远距离的交流创造了良好的交通条件。高速公路使文化传播突破了空间区域的限制,缩短了人类学习外域文化的空间距离,节约了沟通时间,也增加了接触其他社会群体和文化要素的机会。

另一方面,高速公路发展拓宽了文化交流的范围和频率,对城乡社会流动具有积极作用。与其他类型公路相比,高速公路具有行驶速度快、通行能力强、行车安全等优点。高速公路以其高速、高效、安全、舒适等特点加速了运输一体化进程,形成了多种运输方式良性互动的局面。高速公路网络的不断完善,提高了交通的通达性和覆盖范围,降低了交通出行成本和运输成本,从而扩大了文化交流的范围,丰富了文化交流的内容。同时,高速公路降低了人们出行的时间成本,人们的出行更加频繁,各种文化的交流更加高效。通过缩短城乡时空距离,促进了城乡之间的社会流动,有助于打破传统的封闭思想和观念,进而改变人们在工作、生活等方面的行为模式。

7.2 高速公路对自身行业文化的影响评价

高速公路以其快速、高效、安全、畅通的特点,对经济社会发展起到了巨大的推动作用。高速公路管理作为一个全方位的系统工程,综合管理水平的高低,直接关系到高速公路建设能否获取应有的经济和社会效益。我国高速公路在发展过程中,始终把行业文化建设贯穿于高速公路管理的始终,坚持"两手抓,两手硬",把行业文化建设与高速公路发展工作统一规划、统一部署、统一实施,不断提升行业软实力,推动文明创建工作持续深入开展,实现物质文明和精神文明的共同进步。

(1)高速公路对行业文化发展具有重要促进作用

高速公路作为运输系统中重要的交通基础设施,是展现交通运输行业精神文明的重要窗口,对行业文化发展具有重要的促进作用。河北省高速运输系统,结合高速公路管理的特点和精神文明建设的内容,以树立高速公路形象为中心,努力提高全体员工的思想素质和业务素质。积极开展群众性文明创建活动,在高速公路收费站等开展"三星级服务窗口""文明示范窗口""青年文明号"等创建活动,文明服务水平明显提升。同时,河北省高速客运集团股份有限公司提出"安全、舒适、快捷、温馨"的经营理念,积极探索人性化管理,推行航空式服务,充分发挥了高速公路建设、运营、管理在精神文明和文化建设中的窗口作用。安徽省普及和推广"修路修身、养路养心"核心价值理念,在G205安徽段改造示范工程中提出"五色绘皖韵,一路读安徽"的创建理念,得到了交通运输部专家组的高度评价。同时,积极申报交通运输部文化建设示范单位和全省廉政文化示范点,开展文化建设进机关活动,广泛开展摄影比赛、文艺创作等群众性文化活动,组织举办一系列公路文化交流、研讨活动,推进安徽公路文化的理论体系建设。

(2)高速公路对行业内践行社会主义核心价值观具有重要的指引作用

在高速公路发展过程中,树立优异的行业形象,对于展现综合交通运输体系精神文明建设成果、弘扬交通精神、提升行业软实力具有重要作用。通过系统发掘宣传行业先进人物、先进事迹,能够充分体现行业干部职工贯彻新发展理念,有助于展示高速公路行业的良好精神风貌,对社会主义核心价值观的形成具有重要指引。在2017年感动交通十大年度人物中被评为高速公路微笑"天使"的农凤娟,坚持微笑服务的高速公路服务理念,以最高效的服务质量、最优质的服务态度、最便捷的服务方式为过往的驾乘人员提供全程微笑服务,为广西高速公路树立了良好的社会形象。高速公路感动人物的刻苦钻研、拼搏进取、坚定信念、弘扬正气、甘于奉献、爱岗敬业等先进事迹,在培育和践行社会主义核心价值观中发挥了表率作用。

7.3 高速公路对旅游产业发展的影响评价

高速公路对推动旅游产业发展和旅游服务质量提升、改善人文环境具有重要意义。便利的交通是旅游行为得以实现的基本条件。高速公路建设促进了旅游业的大发展,为地方特色旅游资源提供了展示平台,也为现代旅游业的服务质量提升提供了保障。

7.3.1 高速公路对沿线旅游开发具有重要的推动作用

高速公路推动了沿线旅游业的发展,为宣传地方人文风情、自然景观提供了平台。以河北省为例,目前在河北省建成的高速公路沿线分布有大量的旅游景点,景区景点之间实现与快捷路毗邻。在高速公路带动下,河北省旅游业总收入快速增长,2017年河北省旅游业总收入突破6000亿元,增速超过30%。京秦高速公路的建成,结束了秦皇岛市境内没有高速公路的历史,极大地改善了对外交通条件,加密了与省内各市及北京、天津、沈阳等大城市之间的联系,极大地促进了秦皇岛旅游业的发展。京秦高速公路通车以来,秦皇岛市不断加快"旅游立市"战略步伐,逐步成为中国北方最大的滨海休闲旅游度假基地之一、在国际上有较大影响的旅游目的地。河北省深州市旅游资源比较丰富,在1999年石黄高速公路建设前,游客稀少。石黄高速公路的建设为深州市聚拢了人气,2006年以来每年到深州市旅游观光的人数均突破10万人。

7.3.2 高速公路对现代旅游形态的发展具有重要的影响

交通是旅游产业发展的重要引擎。旅游是现代交通转型升级的重要方向标,旅游业发展要求提供更加高品质的交通服务。高速公路的发展顺应了现代旅游业的发展趋势,对于短途自驾车、乡村旅游等现代旅游形态的发展具有重要的影响。以高速公路服务区为例,在现代服务区规划、设计过程中,充分考虑服务区与周围环境、民俗风情、文化遗产、文物保护的协调性、适应性,使高速公路及其服务区建设与沿线各类风景名胜区、自然保护区、森林公园、地质公园、历史文化名城和全国重点文物保护单位融为一体,使人们在行车中能够享受自然,欣赏沿线美景,了解地方人文风情、自然景观,实现"车在路上走,人在景中游"。被誉为"中国高速第一自驾营地"的冷水服务区凭借自身的生态旅游自驾营地,与"高速第一路"沈大高速公路、广西"高速微笑从这里开始"等品牌一并载入中国高速公路史册。冷水服务区的生态旅游自驾营地自2017年5月开园,至当年年底已接待约22000人次入园参观,入住旅客约3000人次,自驾车辆约21000辆次。另外,高速公路的建设也带动了乡村观光旅游、乡村生态旅游等的发展。现代社会,人们一方面享受着高度发达的物质文明,另一方面又期待回归自然,体验传统的生活方式,高速公路的建设拉近了城乡间的时空距离,满足了城市人群便捷化体验"乡村游"的出行需求。而高速公路沿线经济带的形成,又推动本地区及相关地区劳动力由农村向城镇、由农业向工业转移,带动当地的城市化发展。

7.4 高速公路对区域文化交流的影响评价

7.4.1 高速公路对缩小地域间文化差异具有重要意义

高速公路使社区间的文化差异日益缩小,这是高速公路对于文化传播的重要意义。一般来讲,高速公路建设越落后,社区文化的差异性会越强;高速公路越发达,社区文化的同质性越强。其主要原因是发达的交通为社会成员接受外界文化和外来人群流入创造了基本条件,同时促进了不同社会成员相互间的流动和各区域文化的融合。若社区处于与外界相分离的封闭状态,则社区成员失去了选择多种文化模式的机会,增加了固守本区域文化模式的可能性,社区文化的异质性会增强。河北省三河市地处北京东侧,距离北京天安门和首都机场均为30公里,通过燕郊高速公路与密涿支线高速公路与北京市相连,目前三河市已经发展成为京津经济区域腹地,日益融入了京津发展的快车道。三河与北京的社会交往日益增多,出现了两种文化相互融合的现象。据估计,北京市民有 10 万人在三河市燕郊镇有房产,三河市民与北京市民交往频繁。在高速公路的带动下,北京文化的符号不断整合融入三河文化中,进而形成一种新的文化现象。

7.4.2 高速公路对思想观念和行为模式变迁具有重要影响

高速公路的建设加快了社会流动,有助于打破原有的封闭思想、观念,使得群众的视野更加开阔、思想更加解放。同时,高速公路缩短了城乡之间的时空距离,能够促进城乡之间的社会流动,进而促进农村社区的社会变迁,对于改变生活、工作行为模式具有积极影响。以河北省为例,四通八达的高速公路网络不仅缩短了各县市到达京津的时间,也使得省内通往内蒙古、山东、东北、东南等地的交通非常便利,便捷的高速公路网络推动了农民外出务工的地区范围,外出务工人数显著提升。

EIGHT 8

我国高速公路发展初步展望

8.1 高速公路发展面临的机遇与挑战

8.1.1 发展机遇

(1)建设现代化高质量综合立体交通网络对高速公路发展提出新要求

《交通强国建设纲要》中提出,要建设现代化高质量综合立体交通网络。高速公路作为综合立体交通网络重要的组成部分,仍然承担着客货运输主干通道功能,在国土空间规划约束和指导下,与铁路、水运、民航等运输方式的互联互通仍需加强,在西部地区补短板、东北地区提质改造、中部地区大通道建设、东部地区优化升级方面,仍然存在强烈的发展需求,引领和支撑区域协调发展新格局。

(2)城市群快速发展为高速公路发展创造新空间

《交通强国建设纲要》中提出,要构建便捷顺畅的城市(群)交通网。高速公路一直被视为城市群快速交通网的主干,尤其是在轨道交通不发达的情况下,高速公路几乎承担了城市群各节点间全部快速客货运输。未来,伴随成渝城市群、关中城市群、海峡西岸城市群、辽南城市群、北部湾城市群等新兴城市群的崛起和京津冀、长三角、珠三角等传统城市群一体化程度提升,城际快速路建设、城市瓶颈路段的改扩建仍有很大的发展空间。

(3)个性化出行比例提升为高速公路发展增添新动能

从近年来道路客运总量来看,受高铁、民航快速发展,呈逐年下降趋势,但高速公路客运量保持了较快增长,这与我国私人小汽车出行量快速增长密不可分,以旅游为代表的个性化出行需求大幅增加。未来,随着高速公路网的进一步完善,高速公路出行范围进一步扩大、时效性进一步增强。而且,随着公路交通与旅游的深度融合发展,高速公路作为旅游快速集散通道的作用进一步加强,高速公路私人小汽车出行量还将持续增长,为高速公路发展提供增长动能。

(4)新基建为高速公路发展指明新方向

新型基础设施建设(简称"新基建")自2018年中央经济工作会议提出以来,成为现代基础设施体系的重要组成部分,其核心就是基础设施数字和信息化。尤其是为应对新型冠状病毒感染疫情影响,新基建以其科技含量高、投资边际收益高、受要素制约少的特点,已经成为中央稳定投资、推动经济结构调整的重要手段。新基建在高速公路领域涉及车路协同、智能收费站、新能源公共充电站和充电桩以及高速公路 BIM 平台建设等，无疑将为智慧高速公路发展带来重大机遇。

8.1.2 面临挑战

（1）投融资模式变革使高速公路融资渠道收窄

按照国家财税体制改革总体要求，政府债务只能由政府及其部门通过债券方式举借，不得通过企事业单位等举借，要剥离融资平台公司承担的政府融资职能，融资平台公司不得新增政府债务。高速公路"贷款修路，收费还贷"的模式不再可行，规范政府债券发行、创新政府与社会资本合作模式、合理化解存量债务等，成为高速公路投融资面临的新挑战。

（2）生态资源保护增加高速公路建设要素制约

中国经济由高速发展转向高质量发展，更加注重绿色发展理念，环境保护和生态资源集约利用的要求更高。高速公路是建设规模大、占用资源多的基础设施系统，以往单纯以投资为导向的发展模式，要逐步转向与生态资源环境的融合发展。在高速公路规划、设计、建设过程当中，要执行更严格的绿色环保标准，减少农业耕地的占用，降低对生态保护区的影响，这些都对高速公路发展提出了更高的要求。

（3）区域发展不平衡影响高速公路网络效益

中国高速公路可以划分为国家高速公路和地方高速公路两个系统，国家高速公路由中央根据战略部署进行统筹规划建设，地方高速公路则主要由各地根据当地需要和自身财力进行规划建设。与经济发展规律类似，东部地区由于经济发达、人口稠密，高速公路网络密度很大，而中西部地区地方高速公路发展较为迟缓。而且，由于车流量很少，中西部地区高速公路经济效益普遍较差，不利于高速公路的可持续发展，进一步加剧了高速公路区域间发展不平衡的问题。

（4）收费制度的不确定性降低了高速公路资产吸引力

《收费公路管理条例》修订自 2013 年开始征求意见，至今已有 10 余年时间，政府部门始终未就条例修订作出最终决策。究其原因，在于条例中涉及的区域高速公路统贷统还、高速公路养护性收费、经营性高速公路到期后收费政策等关键问题无法达成一致。使得社会资本在参与高速公路建设运营、开展高速公路资产运作时对未来政策走向产生顾虑，尤其是受新型冠状病毒感染疫情影响，全国高速公路长时间实行免费政策，高速公路运营效益大幅下降，降低了高速公路市场对社会资本的吸引力，对高速公路可持续资金形成压力。

8.2 新时期高速公路发展重点

8.2.1 完善基础设施网络

(1)加强高速公路网统筹规划

发挥国土空间规划的指导和约束作用,以多中心、网络化为主形态,统筹优化高速公路网络总体布局。明确地方高速公路的定位,加强与国家高速公路网规划的统筹衔接,合理确定建设规模,提高资源配置效率,进一步发挥网络整体效益。

(2)完善高质量的综合立体交通网络

加强高速公路与铁路枢纽、大型港口、民航机场以及产业园区的衔接,加快推进国家高速公路主线待贯通路段、交通繁忙的高速公路扩容改造和分流路线和口岸高速公路等重点项目建设,推进高速公路网络全面融入现代综合立体交通网络。

(3)构建便捷顺畅的城市群高快速路网

加快推进京津冀、长三角、珠三角、成渝双城经济圈等主要城市群高速公路建设项目,构筑外联内通的高等级道路网。完善以城市群核心城市为中心,辐射区域内主要节点的高快速路网,强化中心城市的辐射能力。加强高快速路与城市道路衔接,推进城市高快速公路扩容改建,提升城市主要通勤出行通道通行能力,进一步缓解城市交通拥堵。

8.2.2 创新投融资模式

(1)建立可持续的中央资金供给制度

落实交通运输领域中央与地方财政事权与支出责任划分改革要求,引导中央车购税资金更多用于具有全国大通道性质、跨区域以及具有国边防功能的高速公路项目。研究设立公路发展基金,支持贫困地区政府还贷性高速公路建设运营。

(2)拓宽地方政府高速公路投资渠道

适应国家财税体制改革要求,转变传统投融资理念,合理利用发行政府债券、PPP等手段,拓宽高速公路资金来源。鼓励地方政府以发行专项债券的方式置换高速公路存量债务,降低高速公路运营压力。

(3)吸引社会资本参与高速公路建设运营

按照"多元投资、统一管理"的原则,探索有效的收费公路管理的体制机制,既保护投资者的积极性,维护其合法权益,又充分保证路网运行的安全高效。尽快完善《中华人民共和国公路法》《收费公路管理条例》等行业规章制度,明确经营性高速公路收费年限、收费方式以及收益转让等具体内容。

8.2.3 提升智能化绿色化水平

(1)加快推进智慧高速公路建设

大力推广 BIM 技术在高速公路建设、养护中的应用,提升基础设施的数字化智能化水平,构建基于全寿命周期管理的高速公路系统平台。推动 5G、人工智能、数据中心等新基建项目在高速公路的布局应用,提升高速公路网络安全水平和运行效率。在更大范围开展车辆自动驾驶、车路协同等新技术在高速公路项目的试点应用,建设更加安全、更加智能、更有效率的高速公路、管理系统。

(2)加快推进绿色高速公路建设

践行绿色发展理念,积极推广高速公路建设养护新材料新设备,加强环境保护,节约集约利用土地、岸线等自然资源,强化节能减排。加强公共充电站、充电桩等在高速公路服务区的布局建设,探索新能源路面、快速充电等新一代新能源技术在高速公路的试点应用,推动高速公路网与新能源电网深度融合。

8.2.4 强化安全应急保障

(1)加强高速公路安全生产体系建设

建立高速公路企业安全目标管理执行方案,完善安全生产教育与专业培训、安全技术操作、安全生产检查等各项制度,明确工程建设项目和运营管理安全责任机制,提高高速公路安全生产质量和水平。

(2)完善高速公路安全应急响应机制

围绕自然灾害、事故灾难、公共卫生事件、社会安全等公共突发事件,完善分级分类响应预案,提高高速公路安全应急反应能力。建立健全与公安、安全应急等部门的协调机制,提高政府部门共同应对重大公共突发事件的能力和水平。

8.2.5 强化产业融合

(1)强化与旅游融合

加强高速公路对重要旅游城市、景点景区的连接,构建能力充足、高效便捷的旅游交通"快进"网络。注重高速公路与沿线自然生态资源的深度融合,在高速公路选线,对观景台、服务区、收费站等设施进行设计建设时,充分融入当地历史、民俗、文化等特征,推进旅游高速公路建设。

(2)强化与物流融合

加强高速公路对重要口岸、港口、铁路枢纽、民航机场和产业园区的连接,提升高速公路对货运枢纽的快速集疏运能力。加强ETC收费系统升级改造,进一步提升货车通行效率、降低通行费用,促进物流业降本增效。完善高速公路绿色通行政策,加强对农产品、应急物资等运输保障。

(3)强化军民融合

修订基础设施相关标准,在高速公路、服务区等现行高速公路基础设施建设标准基础上,充分考虑军用武器装备使用的需求,按照平战结合的原则,进行修订和完善。加强高速公路网规划与国防有关部门的衔接,对具有国防功能的项目给予重点支持,优先保障项目建设,适当提高补助标准、建设标准,强化公路交通对国防军事的运输保障能力。

8.2.6 加强软实力建设

(1)提升中国高速公路国际影响力

聚焦服务"一带一路"、西部陆海新通道等国家重要对外运输通道,加强与周边国家高等级路网的衔接。推动中国高速公路企业走出去,积极参与国外高速公路建设,加强中国标准与国际标准的衔接,提升中国高速公路建设运营标准的国际话语权和适用范围。加强中国高速公路建设运营高级人才培养,推广中国高速公路发展经验,为世界更多地区高速公路发展贡献中国方案。

(2)重视培育高速公路行业精神文化

不断注入时代精神,培育高速公路行业精神文化,全面融入新时代中国特色社会主义核心价值观。积极打造生态旅游高速公路、路桥隧博物馆,巧妙将高速公路与人文典故等进行结合,浓缩当地民族文化,锻造高速公路文化品牌。加强新闻报道、影视、文艺作品、邮票、画作等,积极传播高速公路人艰苦奋斗、无私奉献、勇于创新、敢为人先的社会责任感,彰显高速公路运营企业文化的公益性,突出高速企业文化中"百强示范服务区""示范窗口"等服务文化要素。

参考文献

[1] 中国城镇化质量综合评价报告[R].中国社科院,2014.

[2] 刘丽丽.我国高速公路运输发展趋势与影响因素分析[J].中国航务周刊,2024(13):66-68.

[3] 陈华.基于投入产出法的高速公路对经济发展的影响研究[J].中国集体经济,2015(36):10-11.

[4] 庞清阁,殷月秀.高速公路发展对GDP增长的贡献测算[J].综合运输,2020,42(8):52-55.

[5] 席悦.我国高速公路发展历程[J].中国物流与采购,2018(18):34-35.

[6] 饶宗皓,王宇,崔姝,等."十四五"高速公路建设重点解读[J].中国公路,2022(19):28-32.

[7] 傅志寰,翁孟勇,张晓璇,等.我国智慧公路发展战略研究[J].中国工程科学,2023,25(6):150-159.

[8] 凃云峰,李加志,杨徐杰,等.现阶段智慧高速公路建设现状梳理及发展趋势分析[J].运输经理世界,2023(7):61-63.

[9] 王海龙.高速公路PPP建设项目中的风险识别与评价体系研究[J].建筑安全,2023,38(3):34-37.

[10] 霍苗苗,王新平,贾兵兵,等.高速公路路衍经济发展模式研究——以山东高速为例[J].综合运输,2023,45(6):23-28.

[11] 储鹏儋.试述高速公路运输对区域经济发展的促进作用[J].中国航务周刊,2023(15):49-51.

[12] 高辉.高速公路对经济发展的推动作用[J].知识经济,2016(19):61+63.

[13] 祝晓龙.公路建设与运输对经济社会发展的拉动作用分析[J].运输经理世界,2023(13):122-124.

[14] 孙牧晨,宋子骁.高速公路交通安全评价体系研究[J].国防交通工程与技术,2022,20(5):24-28+20.

[15] 贺玲玲.高速公路交通安全评价指标体系的建立[J].交通世界,2020(27):14-15+25.

[16] 白云鹏.京津冀高速公路一体化发展研究[J].交通世界,2020(26):58-59+62.

[17] 刘小倩,陈小鸿.高速公路与城市精细化融合发展规律研究与对策展望[J].公路,2023,68(10):263-270.

[18] 郭向阳,穆学青,明庆忠,等.旅游地快速交通优势度与旅游流强度的空间耦合分析[J].地理研究,2019,38(5):1119-1135.

[19] 丁潇潇,钱勇生,曾俊伟,等.成渝地区双城经济圈高速铁路和高速公路建设对县域城镇化发展的影响研究[J].铁道运输与经济,2023,45(5):112-120.

[20] 王成平,魏巍.论区域文化在公路上的物化及实现路径[J].重庆交通大学学报(社会科学版),2009,9(5):24-27.

[21] 彭刚,张海亮,宋赤阳.高速公路信息化30年回顾与发展展望[J].中国交通信息化,2019(2):18-32.

[22] 赵今.高速公路企业高质量发展的机遇与挑战[J].中国公路,2022(15):60-62.

索引

G

国家战略　national strategy ································· 074
高速公路发展阶段　development stage of expressway ················· 014
高速公路发展实践　development practice of expressway ··············· 027
高速公路基本属性　essential attribute of expressway ················ 002
高速公路经济影响评价　economic impact evaluation of expressway ········· 036,050
高速公路评价方法　evaluation method of expressway ················· 008
高速公路社会影响评价　social impact evaluation of expressway ·········· 054,068
高速公路文化影响评价　cultural impact evaluation of expressway ········· 088
高速公路影响评价体系　impact evaluation system of expressway ·········· 032
高速公路战略影响评价　strategic impact evaluation of expressway ········ 074

J

交通文化　communication culture ································· 088

K

可达性系数　accessibility coefficient ································· 058

W

文化产业　cultural industries ···································· 089